MANESSE BÜCHEREI

27

Karl Dietrich Erdmann

Die Spur Österreichs in der deutschen Geschichte

Drei Staaten zwei Nationen ein Volk?

Manesse Verlag
Zürich

Inhalt

Drei Staaten – zwei Nationen – ein Volk?

Überlegungen zu einer deutschen Geschichte seit der Teilung

Das Thema enthält die These eines in Arbeit befindlichen Projektes: Der Gegenstand der deutschen Geschichte nach der Teilung sind drei Staaten, nämlich die Republik Österreich, die Bundesrepublik Deutschland und die Deutsche Demokratische Republik; zwei Nationen, nämlich die österreichische und die aus dem Restbestand des ehemaligen kleindeutschen Reiches bestehende, die Bevölkerung von Bundesrepublik und DDR umgreifende Nation, und ein Volk, auf dessen Boden sich diese beiden Nationen und drei Staaten gebildet haben. Hinter dieser These steht ein Fragezeichen. Denn es handelt sich um eine Hypothese, deren Tragfähigkeit erwiesen werden muß. Dieser Erweis kann nicht erbracht werden auf dem Wege einer Theorie über Volk, Staat und Nation, indem man etwa erst die Begriffe definiert und danach die historische Wirklichkeit überprüft, ob sie mit der Theorie übereinstimmt. Richtig ist es vielmehr, den umgekehrten Weg einer auf Anschauung beruhenden historischen Darstellung zu gehen, die begleitet ist vom Nachdenken über Form und Inhalt jener drei Leitbegriffe. Mir kommt hier ein Wort Leopold von Rankes in den Sinn: Aus der allgemeinen Theorie gebe es keinen Weg zur Anschauung des Besonderen, aber aus dem Besonderen könne man wohl bedachtsam und kühn zu dem Allgemeinen aufsteigen. Ein solches Unternehmen wird einen langen Atem erfordern. Vorbereitend müssen die Sachverhalte erarbeitet werden und vergleichende Analysen der wirtschaftlich-sozialen, der politischen, der Erziehungssysteme sowie der Stellung von bewaffneter Macht, Kirche, Literatur und weiterem mehr, wobei die Frage im Hintergrund steht, ob sich ein Zusammenhang ergibt, der so dicht ist, daß er es als sinnvoll erscheinen läßt, trotz der Teilung von einer deutschen Geschichte in dem abgesteckten Rahmen zu reden. Nicht die Ergebnisse einer abgeschlossenen Darstellung also sollen hier gegeben werden, sondern Überlegungen zu einem Vorhaben, das auf dem Wege ist.

I.

Der Ausgangspunkt ist, sich die Völker- und Staatenkarte Mitteleuropas zu vergegenwärtigen. Die Nachbarn des deutschen Siedlungsraumes im Westen, Norden und Süden Europas leben in Nationalstaaten, in denen jeweils fast der gesamte Bestand einer Nation vereint ist, so in Skandinavien und den Niederlanden, in England, Frankreich und Italien. In der Schweiz hat sich in einer mehrsprachigen Bevölkerung ein gesamtschweizerisches staatliches Nationalbewußtsein entwickelt. Das gleiche gilt auch für Belgien, trotz besonderer Schwierigkeiten im Sprachenverhältnis zwischen Wallonen und Flamen. Im Gegensatz hierzu zeigte die Völker- und Staatenkarte in Ostmitteleuropa bis zum Zweiten Weltkrieg ein anderes Bild: eine enge Verzahnung von deutschem und slawischem Siedlungsraum mit den drei weit vorspringenden deutschen Siedlungsspitzen entlang der Ostsee, in Schlesien und im Donauraum, darüber hinaus verstreut in Ost- und Südosteuropa zahlreiche Streusiedlungen. Geschlossene Nationalstaaten im westlichen Sinne waren auf Grund dieser Siedlungslage bis zum Zweiten Weltkrieg bei den östlichen Nachbarn Deutschlands nicht möglich. Erst der Ausgang des Krieges änderte durch Grenzverschiebungen, Flucht und Vertreibungen dieses Bild. Seither ist der enger gewordene, sprachlich geschlossene, aber staatlich dreigeteilte deutsche Siedlungsraum ringsum im Osten wie im Westen, Norden und Süden von zumeist geschlossenen Nationalstaaten umgeben. Die geographische Mitte Europas weist also in ihrem Verhältnis von sprachlicher Einheit und staatlicher Vielfalt ein besonderes, vom übrigen Europa abweichendes Bild auf.

Daß sich Siedlungsraum und staatliche Organisation nicht decken, ist an sich nichts Neues in der deutschen Geschichte. Die gegenwärtige staatliche Trias von Österreich, Bundesrepublik und DDR erhält allerdings ihren spezifischen Charakter – im Unterschied zu früheren Epochen, in denen es im deutschen Raum auch mehrere Staaten nebeneinander gab – durch drei unterschiedliche in ihr sich darstellende soziale Systeme und durch die zentrifugale Eingebundenheit von zweien unter ihnen in konkurrierende Machtblöcke. Den einen einzigen Nationalstaat im vollen Sinne wie in Frankreich, England oder Italien hat es in der deutschen Geschichte niemals gegeben. Man mag das rückschauend für ein Unglück oder für ein Glück halten. Aber Glück und Unglück sind – darin ist Jacob Burckhardt wohl recht zu geben – keine angemessenen Kategorien zur Beurteilung von Geschichte. Jedenfalls gruppiert sich die deutsche Geschichte nicht um eine einzige Hauptstadt als Mittelpunkt, wie ihn Paris oder London oder Rom für ihre Länder darstellen. Aus der deutschen Geschichte der neueren Jahrhunderte heben sich wie in einer Ellipse zwei Brennpunkte heraus: Wien, die Kaiserstadt des alten Reiches und Sitz der Präsidialmacht des Deutschen Bundes mit all dem, was dieser Name für die Geschichte der deutschen Architektur, Musik, Literatur und Wissenschaft bedeutet; und Berlin, das norddeutsche Kulturzentrum, die preußische Königsstadt, von der die Bildung des zweiten deutschen Kaiserreichs ausging. Diese kleindeutsche nationale Einigung durch Bismarck ist aber zugleich der Akt einer ersten deutschen Teilung gewesen. Der Deutsche Bund wurde zerrissen, Österreich aus seiner konföderativen Verbindung mit dem übrigen Deutschland hinausgedrängt. Es ist eine oft gestellte Frage, ob der Bismarcksche Weg der damals einzig mögliche war oder ob sich realistische Alternativen hätten denken lassen. Wie dem auch sei, die aus dem deutschen staatlichen Zusammenhang herausgewiesenen Österreicher waren von der in der Revolution des Jahres 1848 kulminierenden Nationalbewegung nicht weniger leidenschaftlich ergriffen gewesen als die Menschen in den anderen Staaten des Deutschen Bundes. Aber da sie trotz ihres deutschen Nationalpatriotismus nicht daran dachten, sich aus der Zugehörigkeit zum übervölkischen Gebilde der multinationalen Donaumonarchie zu lösen, in der sie im Gegenteil eine deutsche Kulturaufgabe glaubten erfüllen zu müssen, stellte sich die Frage großdeutsch/kleindeutsch als eine Quadratur des Kreises dar, die niemand, auch nicht die Nationalversammlung in der Frankfurter Paulskirche zu lösen vermocht hatte. Der von Bismarck geschaffene kleindeutsche Nationalstaat hat kaum ein biblisches Menschenalter lang bestanden. Er ist, vor den Hintergrund der tausend Jahre deutscher Geschichte gestellt, ein relativ kurzlebiges Gebilde gewesen und keineswegs die Normallage, von der her alle anderen Zeiten zu beurteilen wären, wenn auch die Deutschen, die ihm angehörten, sich in ihrer großen Mehrheit mit diesem nationalen Teilstaat identifizierten und niemals freiwillig auf ihre Zugehörigkeit zu ihm verzichtet oder von sich aus seine Existenz preisgegeben hätten. Heute, nach der Zerteilung des 1938 zum Großdeutschen Reich erweiterten deutschen Nationalstaates und nach der schon mehr als vier Jahrzehnte währenden Konsolidierung dreier neuer Staaten auf deutschem Boden, gewinnt der Blick die Freiheit, losgelöst von dem Leitbild der umfassenden staatlichen Einheit die deutsche Geschichte unserer Zeit zu betrachten.

2.

Einige Daten heben sich heraus, die in der Geschichte dieses Raumes Epochen markieren. Sie betreffen einmal das äußere Staatenverhältnis. Nach den im Kriege gefaßten Beschlüssen der Alliierten über die Wiederherstellung Österreichs (1943), das schon kurz vor der Kapitulation des Reiches seine eigene provisorische Regierung bildete, und nach der Festlegung der Deutschland durchschneidenden militärischen Demarkationslinie zwischen dem künftigen sowjetischen und westlichen Machtbereich (1944) erfolgte 1949, nachdem die west-östliche Kriegsallianz auseinandergebrochen war, die Konstituierung von Bundesrepublik und DDR. Danach fixiert das Jahr 1955 für die drei deutschen Staaten ihre Stellung im internationalen System: Die in den Westen sich integrierende Bundesrepublik tritt der NATO, die nach Osten in den sowjetischen Hegemonialbereich einbezogene DDR dem Warschauer Pakt bei, während Österreich durch Staatsvertrag und Neutralitätserklärung seinen Platz außerhalb der Militärbündnisse findet. Diese 1943/44, 1949 und 1955 für und in Deutschland gefällten Entscheidungen haben dazu beigetragen, die äußeren Staatenverhältnisse des in zwei Lager gespaltenen Europa seither stabil zu halten, während in der übrigen Welt die Kette der Kriege nicht abreißt. Die Dreistaatlichkeit der deutschen Mitte Europas ist ein Element der «langen Dauer», überlagert zwar durch das kürzere Auf und Ab des Wellenschlags der ostwestlichen Deutschlandpolitik mit den in ihr oszillierenden Motiven von Konfrontation und Entspannung, aber in der Tiefe hiervon unberührt.

Für die Geschichte der inneren politischen Kräfteorientierung in den drei Staaten markieren die österreichischen Nationalratswahlen vom 25. Oktober 1945 den epochalen Ausgangspunkt. Die Kommunisten konnten nur vier von insgesamt 165 Mandaten erringen. Auch überall da, wo sie in den Jahren 1946/47 in Stadt- und Landkreiswahlen, in Länderwahlen und in den Großberliner Magistratswahlen in offenen Wettbewerb mit den anderen Parteien zu treten hatten, blieben sie eine Minderheit, ohne Aussicht, aus eigener Kraft zu einem bestimmenden Faktor bei der Neugestaltung der deutschen Dinge werden zu können. Dies ist eine vom Ausgangspunkt her den gesamten Bereich der drei deutschen Staaten charakterisierende Eigentümlichkeit im Vergleich auch zu Nachbarländern wie Frankreich und besonders Italien, wo die dortigen kommunistischen Parteien einen erheblichen Teil der Bevölkerung zu mobilisieren vermochten.

Im Unterschied zu der Erstarrung des politischen Lebens unter der Herrschaft des SED-Regimes, das einer demokratischen Legitimierung entbehrt, läßt die Entwicklung in der Bundesrepublik und in Österreich einen gleichlaufenden Rhythmus des Wechsels in den politischen Kräfteverhältnissen erkennen. Ein markanter Wendepunkt liegt in den Jahren 1969/70. Damals ging in beiden Staaten die zwanzigjährige Ära christlich-demokratisch beziehungsweise volksparteilich geführter Regierungen zu Ende. Mit Brandt und Kreisky übernahmen sozialistische Kanzler die Staatsführung. Der ein gutes Jahrzehnt danach erneut einsetzende Gezeitenwechsel, von dem wiederum beide Staaten ergriffen wurden, führte hier wie dort zu einer parallelen Verschiebung im Kräfteverhältnis der beiden großen Parteien. In der Bundesrepublik übernahm erneut die CDU die politische Führung, während in Österreich die Ära Kreisky zu Ende ging.

3.

Wenn die Einbeziehung Österreichs in eine deutsche Dreistaatengeschichte sich schon von dieser ersten Beobachtung her anbietet, so begegnet sie doch Einwänden. Diese sind zum Teil leicht zu widerlegen, zum Teil müssen sie ernsthaft bedacht werden. Als ich meine These vor Jahren zum erstenmal formulierte, kam prompt von jenseits der Mauer die Anschuldigung, dies sei in veränderter Form eine Neuauflage des alten großdeutschen Nationalismus. Ich bekenne gerne, daß ich, wie ich es des öfteren in Vorträgen im In- und Auslande vertreten habe, nach wie vor das Verbot des Anschlusses Deutsch-Österreichs an die Weimarer Republik im Jahre 1919, den damals die Österreicher in freier Willensbekundung forderten, als einen Verstoß gegen das im Vorfriedensvertrag vereinbarte Selbstbestimmungsrecht betrachte, in Übereinstimmung übrigens mit der gesamten österreichischen Geschichtsschreibung der

Zwischenkriegszeit, und daß ich demzufolge 1938 bei der Volksbefragung über die nach dem Einmarsch der deutschen Truppen vollzogene Einbeziehung Österreichs in das Reich mit Ja gestimmt habe. Für den Anschluß votierten damals in Österreich auch die hohen Vertreter der Kirche, an ihrer Spitze der Wiener Kardinalerzbischof Innitzer, welche taktischen Überlegungen und irrigen Erwartungen auf Schonung der Kirche durch die Nationalsozialisten dabei auch immer im Spiel gewesen sein mochten. Und es stimmten damals mit Ja vor allem auch führende Vertreter der österreichischen Sozialdemokraten, die seit der Auflösung des österreichisch-ungarischen Vielvölkerstaates die engagiertesten Vorkämpfer der Vereinigung mit der Weimarer Republik gewesen waren, unter ihnen Karl Renner. Es verlohnt, bei dieser Gestalt einen Augenblick zu verweilen, weil an den Veränderungen seiner Einstellung sichtbar wird, wie sehr politische Urteile situationsbedingt sind und wie unmöglich es ist, Vergangenes zurückzurufen. Vor dem Ersten Weltkrieg hatten Renner wie der Parteiführer Victor Adler die Hoffnung gehegt, den Zusammenhalt des von innerem Zerfall bedrohten habsburgischen Vielvölkerstaates vielleicht stabilisieren zu können durch seine Umwandlung in einen demokratischen Nationalitätenstaat mit Gleichberechtigung aller Volks- und Sprachgruppen. Nach dem dann doch unvermeidbaren Auseinanderbrechen Österreich-Ungarns war Renner zum ersten Kanzler der wider ihren Willen geschaffenen deutsch-österreichischen Republik gewählt worden, der es dann verboten wurde, den Namen «Deutsch» im Staatstitel zu tragen. Für Renner aber gehörte Österreich nunmehr erst recht «der Natur der Dinge nach» zu Deutschland. Das bezog er auch auf die Sudetenländer. Deshalb bekräftigte er das Münchener Abkommen in einer erst vor wenigen Jahren wieder ans Tageslicht gezogenen Broschüre aus dem Jahre 1938 als die Vollendung des Nationalstaatenprinzips für Mitteleuropa. Aber nach dem totalen Bankrott dieser Idee durch den Nationalsozialismus und den Zweiten Weltkrieg lag gerade bei ihm die entscheidende Initiative zur Gründung der Zweiten Republik Österreich, die ohne zögerliche Verfassungsverhandlungen und durch schnellen Rückgriff auf die Verfassung von 1929 in geschickter und ungemein zupackender Weise so inszeniert wurde, daß vollendete Tatsachen geschaffen und die Teilung Österreichs vermieden wurden, bevor die Besatzungsmächte recht wußten, was geschah. Wer wollte darüber den Stab brechen, daß Renner seine und des jungen Staates in den ersten Jahren nach der Neugründung noch ungesicherte Position unter anderem auch dadurch abzusichern suchte, daß er seine nie geleugnete frühere Zustimmung zum Anschluß und zum deutschen Nationalstaatsgedanken als taktisch und aus Sorge um das eigene Überleben motiviert zu verkaufen versuchte, eine Version, die hier und da auch Eingang in die seriöse historische Literatur gefunden hat. Was historisch aber alleine zählt, ist die Tatsache, daß gerade an der durch den Wandel der Zeit bedingten Wandlung des Kanzlers der ersten und zweiten Republik abgelesen werden kann, wie ganz und gar Österreich seither als ein Staat aus eigenem Willen dasteht. Die deutsche Nationalstaatsidee unter Einbeziehung Österreichs gehört der Vergangenheit an.

4.

Das führt zu der vielschichtigen Frage, ob man wie vom österreichischen Staat auch von einer österreichischen Nation sprechen könne. Meinungsumfragen scheinen das auf den ersten Blick zu bestätigen. Etwa zwei Drittel der Österreicher bejahen, daß sie sich als Angehörige einer österreichischen Nation fühlen. Österreichische Historiker, die dem historisch-politischen Selbstverständnis («Identität») ihrer Landsleute nachgehen, sehen hierin allerdings kaum mehr als eine Bekundung, daß die Eigenexistenz eines selbständigen österreichischen Staates von der Bevölkerung anerkannt wird. Denn die demoskopischen Erhebungen zeigen auch – so äußert sich einer von ihnen nicht ohne Sorge –, daß diesem «statistisch manifestierten Österreichbewußtsein» die Argumente fehlen, «es fehlt das dazugehörige Geschichtsbewußtsein, es fehlen konkrete Vorstellungen über den Sinn einer österreichischen Existenz» (Rumpler). Und wenn nach dem Kriege zunächst alles Deutsche radikal abgelehnt und jede historische Einbindung Österreichs in den deutschen Geschichtszusammenhang geleugnet wurde und wenn dies situationsbedingt sogar zu einer Art Staatsphilosophie erhoben wurde – ich denke vor allem an offizielle Proklamationen des ersten gewählten Bundeskanzlers Figl oder an die absurde Erfindung der «Unterrichtssprache» –, so ist man sich heute, soweit ich sehe, darüber einig, daß diese Entgleisungen eine Episode waren. Jedenfalls gibt es seit den 60er Jahren sorgfältig differenzierende Untersuchungen über das österreichisch-deutsche Verhältnis in der Geschichte, wobei ebenso deutlich das durch seine geographische Lage und die Berührung mit den Kulturen Südosteuropas geprägte Eigenprofil des österreichischen Deutschtums in Erscheinung tritt wie die Verklammerung des österreichischen mit dem deutschen Schicksal in allen Perioden der europäischen Geschichte die Jahrhunderte hindurch. Es ist für mich zu einer wichtigen Bestätigung meines Konzepts einer deutschen Nachkriegsgeschichte geworden, daß derjenige österreichische Historiker, der sich besonders mit der «Historiographie zur österreichisch-deutschen Problematik» befaßt hat (Fritz Fellner), meine Feststellung, daß «mit der Entstehung der (drei) deutschen Teilstaaten eine neue Periode der deutschen Geschichte beginnt», übernimmt und die Chance sieht, daß, wenn die deutsche Geschichte nicht mehr unter der Norm des Nationalstaates «als zwangsläufige Entwicklung zur deutschen Einheit, sondern als Entfaltung zur deutschen Vielfalt» gesehen wird, auch das historisch-politische Selbstverständnis Österreichs zu einer unbefangeneren Betrachtung der Zugehörigkeit zur deutschen Geschichte, ja zur deutschen Nation gelangen könne.

Natürlich muß man sich darüber im klaren sein, daß die lebhafter werdenden Bemühungen der Historiker um Probleme der österreichischen historischen Identität im Rahmen der deutschen Geschichte als solche noch nichts darüber aussagen, ob sie Anzeichen einer typischen allgemeinen Bewußtseinsentwicklung sind. Wichtiger werden die Vergleichungen der gesellschaftlichen Strukturen sein, die sich in der Zeitgeschichte des deutschen Volkes darbieten. Aber ich möchte doch diese Hinweise auf die Frage, wie es mit dem Nationsbegriff in Österreich steht, mit einigen Sätzen Fritz Fellners abschließen, die mit ihrem Hinweis auf die beiden anderen Staaten deutlich den Rahmen abstecken, der sich nach der Meinung dieses österreichischen Historikers für eine Geschichte nach der Teilung anbietet, wenn es sich um eine «deutsche» Geschichte handeln soll: «Die deutsche Geschichte ist reich an Alternativen, die sich im Laufe der Jahrhunderte der Einheits- und Uniformitätsforderung entgegengestellt haben. ... Eine solche Betrachtung der deutschen Geschichte läßt die Geschehnisse nach 1945, die neue Teilung Deutschlands in drei Staaten, in einem ganz anderen Licht sehen, im Lichte einer Rückkehr zu einer unterbrochenen Entwicklung, einer Rückbesinnung auf den ursprünglichen Weg der deutschen Geschichte, einer Vielfalt der Realisierungen einer deutschen Nation. Und entkleidet seines Uniformitätsanspruches könnte der Begriff ‹deutsche Nation› als jene Überordnung kultureller Gemeinsamkeit von allen Jenen anerkannt werden, die zur Wahrung der Eigenständigkeit ihrer kulturellen, gesellschaftlichen und politischen Selbstverwirklichung sich vom Nationalismus der deutschen Einheit abgewandt haben. Von einer solchen Überlegung aus ließe sich die Koexistenz von deutschen Staaten verschiedener gesellschaftlicher und ideologischer Systeme innerhalb einer ‹deutschen Nation› anerkennen, und in einer solchen Interpretation läßt sich auch die Geschichte Österreichs in allen Phasen ihrer Vergangenheit bis in ihre Gegenwart unter den Begriff einer deutschen Geschichte subsumieren.» Es liegt auf der gleichen Linie, wenn der Intendant des Wiener Burgtheaters, der übrigens aus der Bundesrepublik stammt (Peymann), es für möglich und richtig hielt, dem österreichischen Publikum anzukündigen, das Burgtheater solle in der Gestaltung des Spielplans ein deutsches Nationaltheater sein. Zwei Versionen des Nationalbegriffes begegnen einem also im gegenwärtigen Österreich: deutlich und allgemein der einer österreichischen Staatsnation als Ausdruck einer fraglosen Zustimmung zur eigenen Staatlichkeit, und daneben vereinzelt formuliert, wenn auch öffentlich sehr viel weniger manifest, die Anerkennung der Zugehörigkeit zu einer deutschen Kulturnation.

5.

Damit stellt sich eine weitere Frage, die sich aus dem hier vorgeschlagenen Konzept einer deutschen Geschichte nach der Teilung ergibt: Kann überhaupt noch von Nation, und wenn, in welchem Sinne die

Rede sein, wenn es um das Selbstverständnis und um das Verhältnis der beiden Staaten geht, die sich auf dem Restgebiet des ehemaligen kleindeutschen Nationalstaates gebildet haben? Gehen wir davon aus, daß die eigene Staatlichkeit der Bundesrepublik und der DDR von dem jeweils dort lebenden Teil des deutschen Volkes mehrheitlich als eine Gegebenheit akzeptiert wird, in der man sich für den Bereich aller kalkulierbaren Zukunft einzurichten hat, so groß auch die Gradunterschiede der Akzeptanz hier wie dort sein mögen in der Variationsbreite zwischen einer begründeten Annahme des eigenen Staates und einer bloßen Hinnahme; in der DDR bis hin zum Aufbegehren gegen die Verweigerung des im alten deutschen Staatsrecht verankerten ius emigrandi, des Rechtes, das Land, in dem man nicht mehr leben mag, verlassen zu können. Für den Staat, in dem wir hier leben, hat man den Begriff eines bundesrepublikanischen «Verfassungspatriotismus» ins Spiel gebracht. Diese Bezeichnung scheint mir zutreffend, insofern die rechtsstaatlich-parlamentarische Ordnung des Grundgesetzes von der großen Mehrheit bejaht und aus wohlverstandenen Gründen des Selbstinteresses mit keiner anderen vertauscht werden möchte. Von einer emotionalen Bindung hingegen, die im Wort «Patriotismus» mitschwingt, ist in dem unterkühlten Verhältnis der bundesrepublikanischen Bevölkerung zu ihrem Staat wenig zu spüren, geschweige denn davon, daß sich so etwas wie eine bundesrepublikanische Nation herausbilde, die nach der Phantasie des einen oder andern schon in der

Entstehung begriffen sein soll. Mit dem anspruchsvollen Begriff Nation wird man in seiner Anwendung auf den in der Bundesrepublik lebenden Teil des deutschen Volkes zurückhaltend umgehen müssen, nachdem wir erlebt haben, wie bedenkenlos und mit welchem Mangel an Gespür die Manager des professionellen Fußballs Erstgeburtsrechte Berliner und damit sowohl bundesrepublikanischer wie allgemein deutscher Interessen für das Linsengericht der billigen Genugtuung eingetauscht haben, die Europameisterschaftsspiele in unseren Stadien ablaufen zu sehen. Und wenn Millionen Zuschauer diese auf dem Bildschirm verfolgen, ist vergessen, wie beschämend dieses ganze Spektakel für uns ist und wie stolzere und ehrbewußtere Nachbarvölker auf solche Zumutungen reagiert hätten.

Eine solche realistische Feststellung über den aktuellen Stand der Bewußtseinslage in Sachen Nation hierzulande möchte man nicht gern verallgemeinern. Jedenfalls mindert sie nicht die Berechtigung der seit der Regierung Brandt-Scheel üblichen Sprachregelung, die den Fortbestand der Nation trotz der staatlichen Teilung postuliert. Diese Forderung entspricht jedoch, wenn ich das vielen Gesprächen und Beobachtungen richtig entnehme, dem Denken und Empfinden der Menschen drüben eher als hier. Daß aber in Ost und West dem Anruf des Wortes «deutsch» doch noch eine aus dem Herzen kommende Antwort zuteil werden kann, zeigte sich bei einer Aufführung der «Meistersinger» in der Ostberliner Oper. Die Schlußworte des Hans Sachs – «Zerging' in Dunst das heil'ge röm'sche Reich, uns bliebe gleich die heil'ge deutsche Kunst» – wurden mit einem Beifallssturm quittiert, der demonstrativen Charakter hatte. Zahlreiche Besucher aus der Bundesrepublik und aus Westberlin waren dabei. Wie sehr überhaupt die Kunst als ein deutsch-deutsches verbindendes Element erlebt werden kann, zeigte auch die Wiedereröffnung der im Kriege zerstörten Semper-Oper in Dresden mit einer Aufführung der deutschesten aller Opern, des «Freischütz», die gleichzeitig durch das Fernsehen in den drei deutschen Staaten übertragen wurde. Viele Menschen in der Bundesrepublik haben mit Bewegung dieser Aufführung zugehört und zugesehen und sich ohne Vorbehalte mitgefreut an dem so überzeugend gelungenen Wiederaufbau des im Kriege Zerstörten. Es ließen sich viele andere Beispiele anführen, in denen völlig unkompliziert die kulturgeschichtliche Zusammengehörigkeit des deutschen Volkes als gegenwärtig erscheint. So die gemeinsamen Bemühungen von Philologen und Theologen, den Text der Lutherbibel, nachdem er in einigen neutönerischen Modernisierungen schlimme Verballhornungen erfahren hatte, in seiner unnachahmbaren Tiefe und Kraft in einer für die Kultfeier angemessenen Form wiederherzustellen, mit behutsamen sprachlichen Verdeutlichungen dort, wo es erforderlich war, um diesen ehrwürdigen alten Text den Menschen hüben und drüben verständlich zu machen. Eine gesamtdeutsche kulturelle Begebenheit war es auch, daß die neue Bismarckbiographie eines kommunistischen Historikers von Rang gleichzeitig in einem eher konservativen Westberliner und im Ostberliner Akademieverlag erscheinen konnte.

Noch ein Wort zu der vielkommentierten Renaissance der deutschen Geschichte in der DDR, die sich der großen Ereignisse und Gestalten der deutschen Vergangenheit wie Luther und die Reformation, Friedrich der Große und Preußen, Bismarck und die Reichsgründung annimmt. Man begegnet manchmal der Auffassung, dies sei eine instrumentale Ausbeutung unserer Geschichte auf Weisung und zum Nutzen des Regimes. Sicherlich sucht die DDR Legitimationen aus der Geschichte. Tun wir das nicht? Die konkurrierende Interpretation der gemeinsamen deutschen Geschichte hüben und drüben, wenn sie sich nur wirklich auf die Geschichte richtet, ist auch ein gesamtdeutsches Phänomen. Ich habe einige konkrete Fälle vor Augen, von denen ich weiß, daß diese neue Hinwendung zur ganzen deutschen Vergangenheit aus wissenschaftlichen Antrieben spontan und nicht auf Weisung erfolgte. Den Grund hierfür sehe ich darin, daß sich die DDR heute, nachdem sie sich einigermaßen konsolidiert hat, einen Umgang mit der unverkürzten Geschichte erlauben kann.

Um unsere Überlegungen an objektiven Gegebenheiten zu orientieren, sei hier daran erinnert, daß Honecker in einem Bericht an das Zentralkomitee der SED 1973 von der Tatsache sprach, daß es «kulturelle Traditionen gibt, auf die sowohl die Bürger der Deutschen Demokratischen Republik als auch die Bürger der Bundesrepublik stolz sein können», daß kein Grund bestehe, «vor den Gemeinsamkeiten der Sprache, der Kultur wegzulaufen», und daß «nicht Sprache und Kultur die Grenze zwischen der Deutschen Demokratischen Republik und der Bundesrepublik Deutschland gezogen haben, sondern die unterschiedliche, ja gegensätzliche soziale Struktur». Hieraus zog er damals die begriffliche Konsequenz, daß sich eine «sozialistische Nation» entwickelt habe. Dieser Begriff sollte dann bekanntlich in der Verfassungsänderung des folgenden Jahres alle Anklänge an deutsche Nation und Wiedervereinigung verdrängen oder, besser gesagt, in eine Wartestellung zurückversetzen. Denn der Begriff der sozialistischen Nation ist räumlich dehnbar. Bekannt sind auch jene anderen Äußerungen Honeckers, die bekunden, daß er damit rechnet und als ein vom gesetzmäßigen Verlauf der Geschichte überzeugter Marxist damit rechnen muß, daß eines Tages die deutsche Wiedervereinigung unter dem Vorzeichen einer sozialistischen deutschen Nation möglich sein werde.

6.

Die so oft erlebte Schwierigkeit der begrifflichen Verständigung über die Mauer hinweg zeigt sich gerade im Bedeutungsbereich des Begriffs der «Nation». Die uns geläufige Unterscheidung von Staatsnation und Kulturnation wird in der Sprache der SED abgelehnt, weil nicht Kultur und Staat als die wesentlichen identitätsstiftenden Kriterien angesehen werden, sondern die gegensätzlichen sozialen Strukturen. Deren gegenseitiges Verhältnis aber kann nur dann noch mit dem übergreifenden Begriff der Nation erfaßt werden, wenn die ihnen zugrundeliegenden Ordnungsprinzipien und Wertvorstellungen gerade in ihrer Gegensätzlichkeit doch zugleich als logisch und historisch unauflöslich aufeinander bezogen, das heißt wenn sie dialektisch verstanden werden. Da dies der Fall ist; da keiner dieser beiden Staaten ein Verständnis seiner selbst zu formulieren vermag, ohne zwangsläufig zugleich das Verhältnis zu dem antagonistischen Gegenüber zu bedenken – man lese nur die Berichte und Bundestagsdebatten zur Lage der Nation und die entsprechenden Verlautbarungen der andern Seite –, und da beide, unbeschadet der Geburtshelferdienste fremder Mächte bei der Entstehung von Bundesrepublik und DDR, ihre Wurzeln auch in der gemeinsamen deutschen Geschichte haben, in den sozialen christlichen beziehungsweise demokratischen und liberalen Traditionen einerseits, den marxistischen andererseits; da aber die Begriffe Staatsnation und Kulturnation das spezifische Verhältnis dieser beiden deutschen Staaten nicht zutreffend bezeichnen und dennoch an dem Begriff der Nation festgehalten werden soll – aus diesen Gründen verstehe ich diesen Begriff als den einer dialektischen Einheit. Er ist inzwischen verschiedentlich rezipiert, gelegentlich auch kritisiert worden. Vielleicht gibt es eine zutreffendere Bezeichnung. Ich kenne keine.

Es erklärt sich aber wohl aus der immer noch nachwirkenden kleindeutsch nationalen Verengung des historischen Interesses gerade auf diese beiden Staaten, daß das so überaus interessante Phänomen des wirtschaftlich-sozial-politischen Systems Österreich in die vergleichende Deutschlandforschung so gut wie überhaupt nicht einbezogen wurde. Richten wir in der gebotenen Kürze den Blick dorthin. Damit greifen wir ein Beispiel heraus aus dem auf vielen Feldern durchzuführenden Systemvergleich zwischen den drei deutschen Staaten.

7.

In der Tat unterscheidet sich das österreichische Sozialmodell mit der in der sogenannten «Paritätischen Kommission» institutionalisierten «Sozialpartnerschaft» nicht nur fundamental von der parteigelenkten sozialistischen Verwaltungswirtschaft der DDR, sondern in erheblichem Maße auch von dem in der sozialen Marktwirtschaft der Bundesrepublik entwickelten Modell der Mitbestimmung. Aber nichts wäre falscher, als das österreichische System mittwegs zwischen DDR und Bundesrepublik ansiedeln und in ihm etwa eine Verwirklichung des alten deutschen Mythos vom «Dritten Weg» zwischen den Gegensätzen von Ost und West sehen zu wollen. Denn Österreich beruht als parlamentarische Demokratie und sozialer Rechtsstaat auf Wertvorstellungen, die denen der Bundesrepublik entsprechen. Jedoch haben sich diese in der staatlichen und gesellschaftlichen Wirklichkeit dort und hier in unterschiedlicher Weise ausgeprägt. Auch Österreich ist ein pluralistischer Parteienstaat, in dem, wie gesagt, die Kommunisten nicht die geringste Chance haben, einen nennenswerten Teil der Wähler in einer freien Konkurrenz mit den anderen Parteien hinter sich zu bringen. Aber das Verhalten der beiden führenden Parteien SPÖ und ÖVP zueinander ist ein anderes als das zwischen SPD und den Unionsparteien. In der Geschichte der österreichischen «Konsensdemokratie», wie man sie zutreffend genannt hat, ist die Große Koalition nicht wie bei uns zulande eine allenfalls vorübergehend und widerwillig akzeptierte Not- und Zwischenlösung in einem normalerweise auf klarer Gegnerschaft zwischen Regierung und Opposition beruhenden Parlamentarismus, wobei kaum eine über die Beachtung der Spielregeln hinausgehende Konsensfähigkeit erwartet wird. Sie hat vielmehr in den ersten 25 Jahren der österreichischen Nachkriegsgeschichte durch ihre permanente Bemühung um Sachkompromiß zwischen diesen beiden Lagern der führenden politisch-sozialen Großgruppen auch gesellschaftspolitisch stilbildend gewirkt. Unter ihrer Ägide wurde 1957 die «Paritätische Kommission» gebildet. Diese besitzt die Funktion einer gesamtgesellschaftlichen Steuerungszentrale, auch nachdem die Große Koalition im Nationalrat durch eine sozialdemokratische Mehrheitsregierung unter Kreisky 1971 abgelöst wurde.

Es verlohnt, hier etwas genauer hinzuschauen. Zunächst ein Wort zur Zusammensetzung der Paritätischen Kommission. In ihr sind vertreten die unterschiedlichen sozialen, wirtschaftlichen und politischen Interessen, nämlich der Österreichische Gewerkschaftsbund, die Kammern für Handel, Landwirtschaft und für Arbeiter und Angestellte sowie die Regierung. Bei der Zusammensetzung wird aber zugleich darauf geachtet, daß in diesem Gremium auch die parteipolitische Parität gewahrt wird. Die unter einem selbstauferlegten Einigungszwang zustande gekommenen Beschlüsse, und als wichtigste davon die regelmäßig aufgestellten Lohnleitlinien, haben de facto verpflichtenden Charakter, und dies, obwohl die Paritätische Kommission keine gesetzliche Grundlage besitzt. Der Grund für diese Autorität ihrer Beschlüsse liegt einmal in der zentralistischen Organisation des Österreichischen Gewerkschaftsbundes. Er, und nicht die ihm angehörenden Fachgewerkschaften, besitzt das Monopol zum Abschluß von Tarifverträgen. Zum andern darin, daß es für die leitenden österreichischen Gewerkschaftsfunktionäre kein Inkompatibilitätsprinzip gibt, das heißt es ist ihnen im Unterschied zu der in der Bundesrepublik – von wenigen Ausnahmen abgesehen – üblichen Gepflogenheit nicht verwehrt, neben einem Gewerkschaftsamt Abgeordneter zu sein oder ein Staatsamt zu bekleiden. Man mag in dieser institutionalisierten Verankerung des Kompromisses eine willkommene Ergänzung des Parlaments (Nationalrat) sehen oder den «Triumph des Verbändestaats über den Parteienstaat» beklagen – so hat auch der Vollblutpolitiker Kreisky erklärt, daß ihm die Tätigkeit der Paritätischen Kommission «immer unheimlich» geblieben sei –, sicher ist, daß in Österreich der soziale Friede gewahrt wurde, daß es nur selten Streik und keine Gewaltdemonstrationen gibt. Österreich sei eine «Insel der Seligen», hat Papst Johannes Paul II. gemeint. Wie man aber auch den Stil der österreichischen Konsensdemokratie benennen will, als einen sublimierten «Klassenkampf am grünen Tisch» oder als eine am Begriff des Gemeinwohls orientierte Partnerschaft der Vernunft, zutreffend ist es, in ihr ein in der Welt singuläres Modell von überbetrieblicher gesamtgesellschaftlicher Mitbestimmung zu sehen. Diese beruht auf der Anerkennung der Legitimität unterschiedlicher wirtschaftlicher, sozialer und politischer Interessen, zugleich aber auf der Einsicht in die Notwendigkeit, zwischen diesen im wohlverstandenen Eigeninteresse wie im Gesamtinteresse einen Ausgleich zu suchen.

Im Unterschied zu Österreich ist in der Bundesrepublik Mitbestimmung auf der Ebene der Betriebe und Unternehmen angesiedelt. Es gab wohl eine Zeitlang eine Einrichtung, die man etwa mit der Paritätischen Kommission vergleichen könnte, die «Konzertierte Aktion». Sie war, charakteristischerweise ebenfalls in der Zeit einer Großen Koalition, 1968 gebildet worden, ohne daß ihr aber ein langes Leben beschieden gewesen wäre. Andererseits hat man in Österreich keine Veranlassung gesehen, eine so weitgehende Mitbestimmung für Betriebe und Unternehmen vorzusehen wie in der Bundesrepublik. Das österreichische Arbeitsverfassungsgesetz sieht lediglich eine Drittelbeteiligung der Arbeitnehmer in den Aufsichtsräten vor.

Mitbestimmung in der einen wie anderen Form ist nur in Österreich und in der Bundesrepublik entwikkelt worden. Sie unterscheiden sich in dieser Art der Regelung des Verhältnisses zwischen den gesellschaftlichen Großgruppen, zwischen Kapital und Arbeit, zwischen Unternehmer und Belegschaft von allen anderen Industrieländern. Es ist eine vielschichtige Frage, wie es kommt, daß gerade diese beiden Staaten im Unterschied zu ihren Nachbarn solche Modelle entwickelt haben. Den wesentlichen Grund sehe ich darin, daß man beim Ausbau der gesellschaftlichen Ordnung in beiden Staaten Schlußfolgerungen gezogen hat aus einander ähnlichen geschichtlichen Erfahrungen, die man in der Zwischenkriegszeit gemacht hatte. Hier wie dort war das Parlament durch den Aufeinanderprall von Klassengegensätzen lahmgelegt worden. Hier wie dort war es infolgedessen zu diktatorisch-autoritären Regierungsformen gekommen, die hier wie dort durch den Nationalsozialismus abgelöst wurden, der alle gemeinsam in die Katastrophe führte. Es sind diese gemeinsamen geschichtlichen Erfahrungen, die es bewirkt haben, daß heute in beiden Ländern Mitbestimmung praktiziert wird.

Eine andere Konsequenz aus der gemeinsamen deutschen Erfahrung hat man in der DDR gezogen. Auch dort ist in der Verfassung und im «Gesetzbuch der Arbeit» von Mitbestimmung die Rede, daneben von Mitwirkung und Mitgestaltung, ohne daß diese verschiedenen Begriffe klar voneinander unterschieden würden. Die DDR- und vergleichende Deutschlandforschung in der Bundesrepublik faßt sie zusammen unter dem Begriff der «Partizipation». Damit sind die auf den verschiedenen Stufen der hierarchischen Strukturen von Planung und Durchführung zwischengeschalteten institutionalisierten Diskussionsprozesse bezeichnet. Diese sind angesiedelt bei den Gemeindeverwaltungen, Massenorganisationen, Blockparteien, Gewerkschaften und in den Betrieben. Ihre Funktion besteht: 1. in der Teilnahme an der Entscheidungsvorbereitung; 2. in der Informationsvermittlung über getroffene Entscheidungen «mit dem Ziel, diese in einem Diskussionsprozeß legitimieren zu lassen und Identifikationsmöglichkeiten für diejenigen zu schaffen, die die beschlossenen Maßnahmen auszuführen haben» (Peter C. Ludz); 3. in der Teilnahme an der Entscheidungsdurchführung und ihrer Kontrolle. Das Herrschaftsmonopol von Partei und Staat bleibt hiervon unberührt. Mit einer Mitbestimmung nach dem Verständnis der beiden anderen deutschen Staaten im Sinne von verantwortlicher Mitentscheidung durch Träger unterschiedlicher wirtschaftlicher, sozialer und politischer Interessen hat Partizipation im System der «sozialistischen Demokratie» nichts zu tun.

Es wäre gewiß falsch, bestreiten zu wollen, daß sich in der DDR ein Aktivismus der in die Partizipation Einbezogenen beobachten läßt. Der hierdurch tatsächlich erreichte Identifikations- und Legitimierungseffekt ist hinsichtlich Breite und Tiefgang schwer abzuschätzen. Jedenfalls hat er es nicht vermocht, das Mißtrauen der Regimeträger gegen die eigene Bevölkerung abzubauen. Der Beweis dafür ist die Mauer.

Es gibt Beobachter hierzulande, die der Meinung sind, daß in der Partizipation Mitbestimmung als eine zukünftige Möglichkeit einbeschlossen liege, daß jedenfalls der Schritt vom einen zum andern denkbar sei. Ein solcher Schritt würde ein qualitativer Sprung sein und von der Grundlage her eine Veränderung des Systems bedeuten. Dies aber ist ein Wunschbild jenseits der historischen Wirklichkeit, in der wir leben.

Welche Perspektiven ergeben sich am Ende dieser Überlegungen zu Österreich, zur Bundesrepublik und zur DDR im Hinblick auf die von mir verwendeten Leitbegriffe Staat, Nation und Volk?

1. Ich bin von einer geographischen Gegebenheit, dem Siedlungsraum des deutschen Volkes in Mitteleuropa, ausgegangen. Ein solcher methodischer Ansatz ist nichts Ungewöhnliches in der neueren Geschichtsschreibung. Französische und amerikanische Darstellungen befassen sich etwa mit der Geschichte des Mittelmeer- oder des atlantischen Raums. Der deutsche Siedlungsraum weist gegenüber jenen beiden Beispielen einen viel dichteren historischen Zusammenhang auf. Ich plädiere also dafür, in die vergleichende Deutschlandforschung Österreich mit einzubeziehen und sich aus der kleindeutschen Verengung auf das Verhältnis Bundesrepublik-DDR zu lösen.

2. Die Tatsache der staatlichen Dreiheit hat für einen realitätsbezogenen Umgang mit der deutschen Gegenwartsgeschichte ein stärkeres Gewicht als die mit dem Wechsel der Generationen allmählich verblassende Idealvorstellung eines einheitlichen Nationalstaates. Die Lösung von dieser Norm gibt den Blick frei auf die Vielgestaltigkeit und den Reichtum auch der deutschen Geschichte heute.

3. Der Begriff der Nation ist in seiner Bedeutung als Staatsnation allenfalls anwendbar auf das Verhältnis der Österreicher zu ihrem Staat. In seiner Bedeutung als Kulturnation bezeichnet er zutreffend den kulturellen Zusammenhang der drei deutschen Staaten. Für die besondere Art der Beziehungen zwischen den beiden Fragmenten des ehemaligen kleindeutschen Reiches, der Bundesrepublik und der DDR, zueinander bedarf der Begriff der aus der Sicht der Bundesrepublik trotz der Teilung fortbestehenden Nation einer näheren Charakterisierung, die der Gegensätzlichkeit und engen Aufeinanderbezogenheit der beiden Gesellschaftssysteme auf deutschem Boden Rechnung trägt. Ich verwende hierfür den Begriff der dialektischen Einheit der Nation.

4. In allen drei Staaten läßt sich eine neue Hinwendung zur Geschichte beobachten. Damit rücken die übergreifenden Zusammenhänge und Gemeinsamkeiten in der Entwicklung des deutschen Volkes wieder stärker in den Blick. Ich messe diesem Vorgang große Bedeutung bei. Ein Beispiel hierfür ist die marxistische Reformationsgeschichtsforschung der DDR. Hier beschäftigt man sich neben den gesell-

schaftlichen Bedingungen intensiv auch mit den spezifisch religiösen Vorgängen und theologischen Problemen der Zeit. Sehr viel differenzierter als früher wird das Bild Luthers gezeichnet, dessen reformatorischen Ausgangspunkt man in den ganz persönlichen Gewissenskämpfen des Mönchs und nicht in irgendwelchen gesellschaftlichen Determinanten sieht. Distanzierter wird die Bewertung Thomas Müntzers, gerechter die Einschätzung des lutherischen Fürstenstaats. Das deutet auf Tendenzen zu einer Entdogmatisierung der historischen Forschung hin, die sich durch ähnliche Beobachtungen in der neueren Entwicklung der marxistischen Geschichtstheorie in einigen osteuropäischen Ländern ergänzen ließe.

5. Mir scheint es angesichts dieser im Umgang mit der Geschichte deutlich wahrnehmbaren Tendenz nicht ganz unrealistisch, mit der Möglichkeit zu rechnen, daß sich ein Dialog über die Mauer hinweg entwickeln könnte von ähnlicher Unbefangenheit, wie sie in dem unbelasteten Verhältnis zwischen den Österreichern und den Deutschen in der Bundesrepublik besteht. Wir wissen, wie weit der Weg dorthin noch ist und welche Mauern des Mißtrauens abzubauen sind, bevor eines Tages die Mauer verschwinden kann. Das mag eine bescheidene Hoffnung sein verglichen mit der ursprünglichen Zielvorstellung der staatlichen Wiedervereinigung, wie sie im Grundgesetz ausgesprochen wurde, aber heute in weite Ferne gerückt ist und in unklaren Konturen verschwimmt.

Theodor Heuss nannte bei der Beratung des Grundgesetzes die Bundesrepublik ein «Provisorium». Bei seiner Verabschiedung nach zehnjähriger Amtszeit als Bundespräsident sprach er, zurückhaltender, von einem «Transitorium», einem Durchgang. Ein Weg wohin, auf welches Hoffnungsziel gerichtet?

Unsere Gedanken heute bewegen sich in einem Dickicht von Problemen, die andere sind als diejenigen, mit denen es vor 35/40 Jahren die Staatsgründer im dreigeteilten Deutschland zu tun hatten: nämlich – so eine gemeinsame Aufgabe der Deutschen heute – daß Donau, Elbe und Rhein klares Wassser führen, daß der kranke Schwarzwald, der Thüringer und der Wiener Wald als Wälder auf dem uns zugewiesenen Stück Erde weiter leben, daß der Friede erhalten bleibt und in den konkurrierenden Gesellschaftsordnungen hüben und drüben der Mensch wieder zum Maß der Dinge werde. Es ist eine Erfahrung aus aller Geschichte, daß die großen Fragen, die sich der Menschheit auf der Suche nach der Wahrheit und der gerechten Ordnung stellen, nie vollständig gelöst, wohl aber überlagert und schließlich abgelöst werden durch andere, die der Fortgang der Zeit vorschreibt. Das Transitorium, der Übergangszustand, in dem wir uns befinden, ist ein Übergangszustand Europas. Das dreigeteilte Deutschland ist dessen Mitte. Es spiegelt in seiner jeweiligen Bindung nach Ost und West und in der außerhalb der Konfrontation der Mächte stehenden Mittlerrolle des dritten Partners, Österreichs, allgemeine Verhältnisse der

Welt, in der wir leben. Auf diesem ihm zugewiesenen Feld der drei Staaten und zwei Nationen sich den neuen, unausweichlichen Aufgaben der Zeit zu stellen, ist eine Überlebensfrage des deutschen Volkes, vielleicht auch eine Hoffnung.

Die Spur Österreichs in der deutschen Geschichte

«Der Österreicher hat ein Vaterland
und liebt's und hat auch Ursach, es zu lieben.»

Schiller (Wallensteins Tod)

Der Wahl dieses Themas liegen folgende Überlegungen zugrunde: «Die deutsche Geschichte geht weiter», lautet der Titel einer Sammlung von Aufsätzen Richard von Weizsäckers. Aber was ist der Gegenstand der weitergehenden deutschen Geschichte? Sicherlich nicht die Bundesrepublik allein. Wenn sie das Wort «Deutschland» im Staatsnamen trägt, so ist damit nicht eine einfache Gleichsetzung gemeint. Theodor Heuss, auf den die Erinnerung an Deutschland im Staatsnamen zurückgeht, sprach von einem «Provisorium», später von einem «Transitorium». Daß die DDR als ein anderer deutscher Staat in die weitergehende Geschichte Deutschlands hineingehört, bezweifelt niemand, obwohl sie sich als die historisch notwendige Alternative zur Bundesrepublik versteht, und umgekehrt. Bundesrepublik und DDR stehen in einem dialektischen Verhältnis zueinander als untrennbar aufeinander bezogene gegensätzliche Staats- und Gesellschaftssysteme. Zu ihrem jeweiligen Selbstverständnis gehört das Bewußtsein der Andersartigkeit im Verhältnis zum Gegenüber. Wieviel einfacher erscheint auf den ersten Blick die Beziehung zwischen der Bundesrepublik und der wiederhergestellten Republik Österreich, dem ersten aus der Teilung des Reiches nach dem Zweiten Weltkrieg hervorgegangenen Staat. Er gehört in seinem Selbstverständnis so eindeutig zum Westen wie wir selber. Und doch stellen sich hier für das gegenseitige Verhältnis Probleme besonderer Art. Sie ergeben sich auf beiden Seiten aus dem Umgang mit der Geschichte, und zwar nicht nur der jüngsten Vergangenheit. In einer uns vertrauten charakteristischen Wortwahl ist die Rede von einem «Kampf um die österreichische Identität», von der «österreichischen Frage» und neuerdings sogar von «Vergangenheitsbewältigung». Dieser Begriff taucht vermehrt auf, seit sich die Österreicher durch die Auseinandersetzung um Bundespräsident Waldheim herausgefordert sahen, vor sich selber und der Welt Klarheit zu schaffen in der Bilanz ihres historischen Selbstverständnisses. Die eine kurze Zeitlang so verführerische Vision einer österreichischen «Insel der Seligen» außerhalb der deutschen Geschichte ist zerstört, der Fluchtweg dorthin durch das Waldheim-Syndrom abgeschnitten. Die Fragen, um die es dabei in Österreich geht, berühren zugleich die deutsche Geschichte. Es geht bei dem Ringen um die österreichische Identität um eine alle Deutschen angehende Frage. Der zweite Grund für die Wahl des Themas: In die Planung für ein Deutsches Historisches Museum in Berlin, dessen offizielle Gründung 1988 erfolgte, ist die österreichische Geschichte, soweit sie sich mit der deutschen überschneidet, mit einbezogen. Bis zu welchem Zeitpunkt, ist im wissenschaftlichen Beirat nicht zu Ende diskutiert worden: Liegt der Einschnitt bei Königgrätz oder bei der Entstehung der Republik Österreich als einem der Nachfolgestaaten der im Ersten Weltkrieg zugrunde gegangenen Donaumonarchie oder bei der Wiederbegründung der Republik nach dem Zweiten Weltkrieg, oder ist das Ende offen in dem Sinne, daß gerade die staatliche Vielfalt im deutschen Siedlungsraum Mitteleuropas den Zusammenhang der deutschen Geschichte kennzeichnet und ihn auch heute keineswegs aufhebt? Diese Fragen, die sich bei der Planung für das Deutsche Historische Museum stellen, haben in Österreich eine lebhafte Reaktion hervorgerufen im Für und Wider. Da begegnet man u.a. der Meinung, daß aus österreichischer Sicht der ideale Standort für ein deutsches historisches Museum nicht gerade die ehemalige Hauptstadt Preußens sei, des säkularen Antipoden, dessen Erinnerungsbild vor kurzem in der Bundesrepublik wie in der DDR mit solchem Eifer herausgestellt wurde. Aber der Wunsch nach Distanzierung erschöpft sich bei den beunruhigten Österreichern nicht in verständlichen und nachvollziehbaren antipreußischen Vorbehalten oder in nostalgischem Rückblick auf den Glanz des untergegangenen Habsburgerreiches, das so oft von Preußen herausgefordert wurde. Er bezieht sich bei einigen Wortführern der gegenwärtigen innerösterreichischen Diskussion auf die deutsche Geschichte insgesamt, aus der man am liebsten ausscheiden möchte, nicht nur für die Gegenwart und Zukunft, sondern auch für alle Vergangenheit. Dies geht aber offensichtlich nicht, trotz mancher überanstrengter Bemühungen um eine der deutschen Identität von frühesten Zeiten an entgegengesetzte österreichische Sonderidentität, die der deutschen als eine ganz und gar andere gegenüberstehe und nicht nur als deren besondere Spielart zuzuordnen sei. Deshalb warnen andere Stimmen in unserem neutral und selbständig gewordenen Nachbarland davor, aus der «unwiderruflichen Absage an die Österreich einschließende groß- oder gesamtdeutsche Idee und Politik» die Schlußfolgerung zu ziehen, «sich aus dem Haus der deutschen Geschichte, in dem es durch die Jahrhunderte seiner Vergangenheit beheimatet gewesen war, hinauszuschleichen». Denn Österreich sei doch nun einmal «durch all die Jahrhunderte seiner Geschichte für den Weg, den die Deutschen insgesamt» gingen, «mitverantwortlich» gewesen. Und was das Deutsche Historische Museum angeht, so plädieren nicht wenige andere Historiker dafür, sich in die Museumsplanungen lieber positiv einzuschalten und eine spezifisch österreichische Reflexion auf Geschichte in die deutsche Gesamtgeschichte einzubringen.

Der dritte Grund dafür, den Blick auf Österreich zu richten, ist schließlich die merkwürdige Tatsache, daß die gegenwärtige historische Diskussion in der Bundesrepublik – abgesehen von der in eine Sackgasse geratenen Frage nach der Singularität oder Vergleichbarkeit der NS-Verbrechen –, soweit sie sich auf die Deutschlandfrage bezieht, vorwiegend fixiert ist auf die DDR und das Verhältnis der Bundesrepublik zu ihr. Diese Forschung stützt sich auf mehrere

Institute. Sie hat eine imponierende Literatur hervorgebracht. Ihr Erkenntnisinteresse ist deutlich durch die Blickrichtung auf Potsdam-Deutschland, das heißt auf den in zwei Staaten aufgeteilten Restbestand des ehemaligen kleindeutschen Nationalstaates bestimmt. Wer wollte denn auch bestreiten, daß die großdeutsche Idee von der Geschichte überholt worden ist? Sie gehört der Vergangenheit an. Aber ist dies ein Grund für die Deutschen, die österreichische Geschichte in ihrem Erinnerungsbild verdämmern zu lassen? Ist sie doch so gewiß wie die preußisch-kleindeutsche Geschichte ein Teil auch der deutschen Vergangenheit. Die Deutschen können sich nicht selbst verstehen, wenn sie von Österreich als einem Element ihres historischen Erbes absehen.

Die heutige Republik Österreich im Südosten des geschlossenen deutschen Siedlungsraumes in Mitteleuropa deckt sich ungefähr mit dem schon im späten Mittelalter unter dem Namen Österreich zusammengefaßten Bündel von verschiedenen Herzogtümern und Grafschaften im Donau- und Alpenland. Das «Haus Österreich» der Habsburger war auf dem Scheitelpunkt seiner 640jährigen Laufbahn (1278–1918) zu einer der führenden europäischen Großmächte, zeitweilig zur europäischen Hegemonialmacht emporgestiegen. Als staatliches Gebilde hatte es sich von seinen deutschen Kernlanden aus zu einem Vielvölkerreich entwickelt, in dem verschiedene Sprachen und Nationalitäten nebeneinander lebten. Die letzte Ausformung dieses übernationalen Reichsgebildes in Gestalt der österreichisch-ungarischen Doppelmonarchie ging im Feuer des Ersten Weltkrieges zugrunde und hinterließ als einen seiner Nachfolgestaaten die deutschen Ursprungslande mit der offenen Frage, was aus ihnen werden sollte und was sie selber sein wollten. Von Österreich in der deutschen Geschichte zu reden, heißt nicht, wie sich besorgte Stimmen vernehmen lassen, die Geschichte des Habsburgischen Vielvölkerstaates mit seinen tschechischen, polnischen, ungarischen, kroatischen, slowenischen und italienischen Bestandteilen «vereinnahmen» zu wollen. Aber die deutschen Ursprungslande Österreichs sind in ihrer tausendjährigen Geschichte nun einmal 900 Jahre hindurch Bestandteil des übrigen Deutschland in seinen wechselnden staatsrechtlichen und politischen Formen gewesen, bis sie gegen ihren Willen 1866 durch Bismarck aus dem Deutschen Bund hinausgedrängt wurden. Der Schicksalsweg Österreichs hat tiefe Spuren in der deutschen Geschichte hinterlassen von seinem mittelalterlichen Ausgangspunkt als Reichslehen bis zu dem Endpunkt als einer souveränen Republik. An einige charakteristische Momente aus dieser Entwicklung soll im folgenden erinnert werden.

I.

Der Name «Ostarrîchi» begegnet einem zum erstenmal vor rund tausend Jahren (966), und zwar als volkssprachliche Bezeichnung der bairischen «marca in Oriente» oder – mit einer späteren deutschen Bezeichnung – der «Ostmark». Hier zuerst hatte der

Gesamtprozeß der mittelalterlichen deutschen Ostsiedlung eingesetzt. Die Bevölkerungskarte Europas zeigt bis vor dem Zweiten Weltkrieg drei große, mit slawischem Volksgebiet verklammerte deutsche Siedlungsspitzen in Österreich, in Schlesien und entlang der Ostsee. Während aber im Norden das Ergebnis der mittelalterlichen Ostsiedlung in unserem Jahrhundert durch den Verlust der Ostgebiete zurückgedrängt wurde bis auf die Oder-Neiße-Linie, blieb der geschlossene deutsche Siedlungsboden im Ostalpen- und mittleren Donauraum erhalten. Daß in Österreich von kleinen Minderheiten abgesehen deutsch gesprochen wird und nicht eine slawische Sprache oder ungarisch, ist ein mittelalterliches Erbe an die Gegenwart.

In der deutschen Südost-Kolonisation wurden ältere Bevölkerungsschichten illyrischen, keltischen und slawischen Ursprungs überlagert und eingeschmolzen. In wechselvollen Kämpfen gegen Awaren und Ungarn behaupteten und erweiterten sich diese Grenzgebiete im frühen Mittelalter bis zur March und Leitha ostwärts von Wien. Das herausspringende Ereignis jener Zeiten der Abwehr und Kolonisation ist der Sieg des deutschen Königs Otto I. über die Ungarn bei Augsburg 955. Er war die Voraussetzung sowohl für den Erwerb der Kaiserkrone, die Erneuerung des Imperium Romanum durch den deutschen König, wie zugleich für die jetzt beginnende «eigentliche ununterbrochene Geschichte Österreichs» (Hantsch). Für etwa 270 Jahre (976–1246) stand nunmehr dieses Land unter der

Herrschaft der Babenberger, eines Geschlechts bairischen oder fränkischen Ursprungs. Die Babenberger schufen Österreich und machten Wien, das sich an dem Orte eines früheren römischen Heerlagers Vindobonum gebildet hatte, zu ihrer Residenz. Zur Zeit der Stauferkaiser entwickelte sich hier im äußersten Südosten des Reiches ein glänzender Fürstenhof, Pflegestätte der deutschen Literatur in ihrer ersten Hochblüte. Hier entstand das Nibelungenlied, das aus volkstümlichem germanischem Sagengut schöpfte, hier wuchs Walther von der Vogelweide zum Dichter heran und zum patriotischen Sänger. Für ihn gehörte dieses Donauland – wie hätte es anders sein können – selbstverständlich in den Gesamtbereich der von ihm gepriesenen deutschen Sitte hinein, «von der Elbe unz an den Rîn und her wider unz an Ungerlant».

Dieser babenbergische Herrschaftsbereich im südöstlichen Grenzraum des deutschen Siedlungsgebietes ist einer der wichtigsten Ausgangspunkte der Territorialbildung innerhalb des Reiches geworden. Darunter versteht man die allmähliche Umbildung des vielgliedrigen, buntscheckigen, pyramidenartig aufgebauten lehnsrechtlichen Personenverbandes in das polare Verhältnis von «Land und Herrschaft», wobei die Rechte des Landes, d.h. der Stände gegenüber dem Herrscher, bald stärker, bald schwächer in Erscheinung traten, während der Landesherr seine Befugnisse befestigte und ausbaute nach unten auf Kosten der zurückgedrängten Zwischengewalten, nach oben, indem er auch die dem deutschen König ursprünglich vorbehaltenen Rechte, vor allem den Gerichts- und Heerbann, an sich zog. Auch die Bildung von Territorialherzogtümern im Unterschied zu den älteren Stammesherzogtümern gehört in diesen Prozeß hinein. Der Siedlungs- und Kolonialboden der östlichen Randgebiete des Reiches bot besonders günstige Voraussetzungen für die Entstehung von territorialen Herrschaftsbereichen, weil hier schon im Zuge der Kolonisierung viele einzelne Hoheitsrechte in einer Hand zusammengefaßt werden konnten. Neben Österreich sind die Mark Meißen beziehungsweise Kursachsen und die Mark beziehungsweise das Kurfürstentum Brandenburg, die Keimzelle des preußischen Staats, deutliche Beispiele hierfür. Zum Rang eines Kurfürstentums ist Österreich im Unterschied zu jenen beiden anderen Marken nicht erhoben worden. Es hat dafür aber andere Rangerhöhungen und Sonderrechte von Reichs wegen erhalten. Beschränken wir uns hier auf die Nennung der oft angeführten und in ihrer historischen Bedeutung früher umstrittenen Urkunde des «privilegium minus» von 1156. Friedrich Barbarossa, der damals die Ostmark von Bayern trennte und sie zum Herzogtum erhob, verlieh gleichzeitig dem Babenberger ein höchstes Maß an landeshoheitlicher Selbständigkeit. Der österreichische Historiker Hugo Hantsch hat bei der Behandlung dieser für die österreichische wie für die deutsche Geschichte so wichtigen Urkunde darauf hingewiesen, wie sehr ihre jeweilige historische Einschätzung durch aktuelle politische Vorurteile beeinflußt war: «Die kleindeutsche und die großdeutsche Geschichtsschreibung ließen sich durch ihre politische Zeittendenz zu irrigen Auslegungen des Privilegiums verleiten. Weil der kleindeutsche Historiker sich für ein Reich mit Ausschluß Österreichs einsetzte, ließ er Österreich schon durch das Privilegium von 1156 fast ganz aus dem Reichsverband austreten, wovon doch nicht die Rede sein kann. Weil der großdeutsche Historiker die geschichtliche Verbindung Österreichs mit dem Reich besonders hervorhob, verkleinerte er die Bedeutung des Privilegs und freute sich über den geringsten Grund zu einem Zweifel an seiner Echtheit.» Und heute muß man unter dem Eindruck der Diskussion um das Deutsche Historische Museum hinzufügen: Weil einige kleinösterreichische Historiker großdeutsche Berührungsängste vor dem in Berlin geplanten Museum haben, muß das Privilegium wie weiland den kleindeutschen Historikern so heute dem für Auslandskultur zuständigen Sektionschef des Außenministeriums Wolfgang Schallenberg als Argument für eine angeblich damals beginnende «Eigenständigkeit» Österreichs im Sinne einer fortschreitenden Herauslösung aus der deutschen Geschichte herhalten. In Wirklichkeit wird umgekehrt ein Schuh daraus: Die Zugehörigkeit zum Gesamtverband des mittelalterlichen deutschen Königreichs wurde nicht in Frage gestellt, weder unter den Babenbergern noch unter den aus dem alemannischen Raum stammenden und dort zu ansehnlicher Herrschaft gelangten Habsburgern, die von der Mitte des 15. Jahrhunderts bis zum Ende des alten Reiches in der napoleonischen Zeit fast ununterbrochen die deutsche Königskrone und damit die Kaiserwürde trugen. Gerade weil Österreich im Rahmen des Prozesses der innerhalb des Reiches sich vollziehenden Territorialstaatsbildung eine weitgehende Eigenständigkeit erringen konnte, waren die Habsburger bei dem Verfall der genuinen Königsmacht und des reichseigenen Königsguts in der nachstaufischen Zeit in der Lage, gestützt auf ihre starke österreichische Hausmacht, die führende Rolle im Reich zu übernehmen und auf den Gang der deutschen Geschichte für lange Jahrhunderte auf das stärkste einzuwirken.

II.

«Alles Erdreich ist Österreich untertan», «Austriae est imperare orbi universo» – so pflegt man das mysteriöse AEIOU, das Kryptogramm Friedrichs III., mit dem 1440 die lange Reihe der gekrönten Oberhäupter des Deutschen Reiches aus dem Hause Habsburg begann, zu übersetzen. Diese Vision schien sich schon im 16. Jahrhundert unter Karl V., dem Kaiser der Reformationszeit, zu verwirklichen. Er war Herrscher in einem Reich, «in dem die Sonne nicht unterging». Zu den Kerngebieten in Südostdeutschland – Ober- und Niederösterreich, Steiermark, Kärnten, Krain, dann Tirol – war durch die Habsburger deren südwestdeutscher alemannisch-schwäbischer Hausbesitz «Vorderösterreich» hinzugekommen (Sundgau, Oberelsaß, Breisgau). Dynastische Heiraten hatten dem Hause Habsburg Burgund mit den Niederlanden, Spanien mitsamt seinen amerikanischen Kolonien, später Böhmen und Ungarn eingebracht. Der von den Kurfürsten gewählte junge burgundische Herzog und spánische König Carlos war in Aachen zum König des Heiligen Römischen Reiches Deutscher Nation und zehn Jahre später als letzter deutscher Herrscher in Bologna vom Papst zum Kaiser gekrönt worden. Die von ihm noch einmal im vollen sakralen Sinne verstandene Kaiserwürde verpflichtete ihn zum Schutz der Christenheit. Er war persönlich ein frommer Christ und ein treuer Sohn der römischen Kirche, die er als eine Klammer des Zusammenhalts in den weitverstreuten Ländern seiner Herrschaft verstand. Daher rang er auf der einen Seite mit dem widerstrebenden Papsttum um eine Erneuerung der reformbedürftigen Kirche, und daher kämpfte er auf der anderen Seite gegen die Reformation um der Bewahrung der Einheit der Kirche willen. Er war nicht unberührt von den humanistischen Bestrebungen der Zeit, und er war willens, der lutherischen Bewegung ein gewisses Maß an Entgegenkommen zu zeigen. Aber es war ein Mißverständnis gewesen, wenn Luther in der Aufbruchstimmung der Reformation den nach Deutschland zur Krönung und zum Wormser Reichstag kommenden Kaiser in einem flammenden Aufruf voller Hoffnung als das «junge edle Blut» begrüßt hatte, das berufen sei, die Not zu wenden, die «Deutschland bedrückt», und der «elenden Nation zu helfen». Damals war Deutschland bis tief in die Donau- und Alpenländer hinein von der lutherischen Bewegung wie von einem Lauffeuer ergriffen worden. 90% der Deutschen, so vermeldete der päpstliche Legat nach Rom, seien lutherisch und die restlichen 10% antipäpstlich gesonnen.

Wenn der vollständige Triumph der Reformation trotz ihres anfänglichen Siegeslaufes verhindert und Deutschland aus langen inneren Kämpfen und verheerenden Kriegen, in denen keine Seite den vollständigen Sieg erringen konnte, als ein bis in den Grund seiner Existenz gespaltenes Land hervorging, so ist dieser Ausgang der Glaubenskämpfe nicht denkbar ohne den Rückhalt, den alle gegenreformatorischen Kräfte bei dem auf seine Hausmacht in und außerhalb von Deutschland gestützten Hause Habsburg fanden.

Das Ergebnis des ersten in der Zeit der österreichisch-spanisch-habsburgischen Weltmacht ausgefochtenen innerdeutschen Religionskrieges war der zwischen dem habsburgischen römisch-deutschen König Ferdinand, dem Bruder Kaiser Karls, und den Reichsständen 1555 in Augsburg geschlossene Religionsfriede. Er wurde ein Jahrhundert später nach dem Dreißigjährigen Krieg im Westfälischen Frieden in seinen wichtigsten Bestimmungen über das Nebeneinander verschiedener Konfessionen bestätigt und durch die Einbeziehung der Reformierten erweitert. Dem Augsburger Frieden kommt eine epochale Bedeutung zu. Wenn es bisher undenkbar gewesen war, sich eine politische Rechtsordnung ohne kirchliche Einheit vorzustellen, so wurde jetzt die Anerkennung der kirchlichen Spaltung zum Grundgesetz des

Reichs erhoben. Das Prinzip der konfessionellen Geschlossenheit wurde auf die fürstlichen Territorien beschränkt, aber als Konsequenz hieraus dem Einzelnen wenigstens das Recht zugebilligt, aus Gewissensgründen zu emigrieren. Dies war ein erstes gesetzlich geregeltes Grundrecht, lange vor den späteren amerikanisch-französischen Erklärungen allgemeiner Menschenrechte. Die damals geprägte historische Physiognomie Deutschlands unterscheidet sich durch die konfessionelle Doppelpoligkeit von der anderer europäischer Völker, deren nationale Identität zumeist durch eine dominierende, das kulturelle Klima vorwiegend bestimmende konfessionelle Lebensform geprägt wurde. Zur Identität des deutschen Volkes gehört hingegen das Bewußtsein der historisch bedingten Zusammengehörigkeit von Gegensätzen, die nach beiderseitigem Verständnis eigentlich einander ausschließen. Keine der beiden Seiten, weder die evangelischen Stände unter Führung von Sachsen und Hessen noch die katholischen unter Führung von Österreich und Bayern, hat dieses Ergebnis einer historisch zwangsläufigen Koexistenz von Hause aus so gewollt.

Daß es trotz solcher Gegensätze und trotz des Mißtrauens der Fürsten gegen starke Kaisermacht in Notsituationen noch zu gemeinsamen Aktionen kommen konnte, zeigte die wiederholt gewährte finanzielle und militärische Beteiligung des Reiches an den sich durch das ganze 16. und 17. Jahrhundert ziehenden Abwehrkämpfen gegen die Türken. 1529 standen sie zum erstenmal vor Wien. Hauptträger des Widerstandes waren die auf ihre Hausmacht gestützten Habsburger, die diesen Kampf als römisch-deutsche Könige und erwählte Kaiser auch im Namen des Reiches führten. Wie unterschiedlich hierbei in zwei extrem gegensätzlichen religiösen Positionen der Charakter und die Legitimation des Kampfes gegen den Halbmond gedeutet werden konnten, sei an je einer Äußerung des Reformators und des habsburgischen Kaisers verdeutlicht.

Auch Luther hielt diesen Krieg für notwendig. Er wollte ihn in äußerster Gefahr sogar als allgemeinen Volkskrieg geführt sehen. Die evangelischen Reichsstände mahnte er, das Reich nicht im Stich zu lassen. Aber keinesfalls wollte er den Kampf gegen die islamischen Türken als einen Kreuzzug verstanden wissen. Und für den Fall, daß den Kriegsleuten Kirchenfahnen oder gar ein Kruzifix vorangetragen würden, riet er, lieber zu desertieren, als Gott ins Handwerk zu pfuschen. Das Gegenbild: Als Kaiser Karl am Vorabend des Aufbruchs zu einer Flottenunternehmung gegen den Halbmond gefragt wurde, wer der Oberbefehlshaber sei, hob er ein Kruzifix empor: «Dieser, dessen Fahnenträger bin ich.»

III.

Der Türkenkrieg ging weiter. Sein Höhepunkt lag um die Wende vom 17. zum 18. Jahrhundert. 1683 wurde Wien abermals belagert, 1717 im Gegenschlag Belgrad erobert. Ungarn wurde befreit, die Herrschaft des Halbmondes auf dem Balkan zurückgedrängt. Bei diesen Kämpfen ging es zugleich mit Österreich auch um das östliche mittlere Europa überhaupt und um Deutschland. Deshalb waren neben Truppen aus Österreich und dem Reich auch andere Völker, bei den Kämpfen um Wien vor allem die Polen, in erheblichem Maße beteiligt. Zur Symbolfigur dieser heroischen Zeit Österreichs wurde der savoyische Prinz Eugen, der Eroberer Belgrads, von dem man gesagt hat, er habe Österreich recht eigentlich geschaffen. Von einem deutschen Kriegsmann aber, der bei der Belagerung mit dabei war, stammt das Lied vom Prinzen Eugenius, dem edlen Ritter, das ein wahres deutsches Volkslied wurde.

Prinz Eugen hatte einen Zweifrontenkrieg zu führen, Österreich wurde zum Bollwerk Deutschlands, im Osten gegen die Türken, im Westen gegen das Frankreich Ludwigs XIV. Der Streit ging darum, wer nach dem Aussterben des spanischen Zweiges des Hauses Habsburg die Nachfolge antreten sollte, ein österreichischer Habsburger oder ein Angehöriger des französischen Königshauses. Als Preis lockte die europäische Vorherrschaft. Der Krieg endete mit einem Kompromiß: In den Friedensschlüssen von Utrecht und Rastatt 1713/14 fiel die spanische Krone an einen Prinzen aus dem Hause Bourbon, aber dennoch ging die Habsburgermacht gestärkt aus dem Kampf hervor. Das Haus Österreich erhielt die Nebenlande Neapel, Sardinien, Mailand und die spanischen Niederlande (Belgien). Nach diesem Abschluß des Ringens um die Vorherrschaft sprach man vom Gleichgewicht in Europa. In dem sich entwickelnden

Fünf-Mächte-System des 18. Jahrhunderts mit England, Frankreich, zu denen später Rußland und Preußen hinzutraten, hatte das aus dem Doppelkrieg gegen Türken und Franzosen gestärkt hervorgegangene Österreich als eine in den Niederlanden, Italien und Ungarn über das Reich hinausgreifende Großmacht eine hervorragende eigenständige Stellung gewonnen. Dabei blieben die Geschichte Österreichs und des Reiches eng ineinander verschlungen. Dies sei mit Worten Hugo von Hofmannsthals unterstrichen, der gerne und zu Recht als Zeuge für genuin österreichische Traditionswerte angerufen wird: Prinz Eugen habe als Fürstensohn nur einem solchen Herrscher dienen können, «der ihm das Höchste verkörperte». Deshalb sei er nach Wien gekommen, der Residenz des römischen Kaisers, um hier «sich sein Geschick zu suchen». «Er diente dem Kaiser und dem Reich. Er kam aus der Fremde, er hat die deutsche Sprache nie beherrschen gelernt, und er ward ein deutscher Nationalheld [man könnte hinzufügen: in beidem ähnlich wie Friedrich der Große]; alle Zeit auf allen Schlachtfeldern Europas haben Deutsche unter ihm gefochten; die verbrannte Pfalz und das verwüstete unterrheinische Land hat er gerächt.»

Die Zeit des Prinzen Eugen steht noch heute jedem Besucher der Donauländer in ihren Bauten vor Augen. Es ist das Österreich des hohen Barock, der Schlösser, Kirchen und Klöster. Der Kunsthistoriker Wilhelm Pinder hat sie in den Zusammenhang des deutschen Barock überhaupt gestellt, dem er bei allen landschaftlichen Besonderheiten von Land zu Land doch charakteristische gemeinsame Züge zuschreibt als einer Periode des seelischen Aufschwungs nach dem Niedergang im Dreißigjährigen Krieg. Die Namen und Werke der großen Baumeister jener Epoche stehen vor Augen: Fischer von Erlach mit der Karlskirche und der Reichskanzlei in Wien, Hildebrandt mit dem Schloß Belvedere des Prinzen Eugen, Schlüter mit dem Berliner Schloß, Pöppelmann mit dem Dresdener Zwinger, Balthasar Neumann mit Schloß Brühl und der Würzburger Residenz, Dientzenhofer mit Kloster Banz in Oberfranken, Prandauer mit dem Stift Melk in Oberösterreich, Zimmermann mit der Wallfahrtskirche im schwäbischen Steinhausen. Die musikalisch beschwingte Architektur dieser Meister blühte zu der gleichen Zeit, in der Johann Sebastian Bach die Kompositionen seiner polyphon gebauten Musik schuf. Diese Prinz Eugen-Zeit der österreichischen Selbstwerdung war zugleich gesamtdeutsch eine Periode verjüngter künstlerischer Schöpferkraft «von der Elbe bis an den Rhein und wieder herunter bis ans Ungarland».

IV.

Im Verhältnis der Staaten untereinander war dieses Jahrhundert in Deutschland alles andere als harmonisch. Es erlebte in den Schlesischen Kriegen den schrillen Mißklang der ersten preußischen Herausforderung an Österreich, während das Reich mit seinen noch bestehenden Organen, dem ewigen Reichstag in Regensburg und dem Reichskammergericht in

Wetzlar, ohnmächtig daneben stand. Dennoch behielt es für den kleinstaatlich zersplitterten Südwesten Deutschlands seine Bedeutung und vermochte in seiner Selbstdarstellung immer noch empfängliche Gemüter zu beeindrucken, wie den jungen Frankfurter Bürgersohn Goethe. Wer kennt nicht aus «Dichtung und Wahrheit» die nachdenkenswerte Schilderung der Krönung Josephs II. zum «römischen» König und künftigen Kaiser in Frankfurt 1764? Goethe läßt den in seiner barocken Buntheit mit aller Augenfreude geschilderten Festzug am Leser vorbeiziehen, hin zum Dom, wo er sich dem Auge des Beobachters entzieht, und nach dem Krönungsakt wieder vom Dom zum Römer. Goethes Empfindungen angesichts dieser im Grunde schon von der Zeit überholten «symbolischen Zeremonien», die das «beinah verschüttete Reich wieder für einen Augenblick lebendig darstellen»: «... wir fühlten uns als Deutsche und als Frankfurter von diesem Ehrentag doppelt und höchlich erbaut.» Da diese Königswahl und diese Krönung das Ende des innerdeutschen preußisch-österreichischen Krieges besiegelte, fügte er rückschauend in einem Ton der Hoffnung hinzu: «Dieses große Fest sollte ja das Pfand eines dauerhaften Friedens werden, der auch wirklich lange Jahre hindurch Deutschland beglückte.» Es verlohnt, einen Augenblick bei der Krönungsliturgie im Dom zu verweilen, die sich dem Auge des damaligen Zuschauers entzog. Die Pflichten des neuen Erwählten Königs ergaben sich aus seinen Eidesleistungen während der Krönungsmesse. Die Aussagen in den hierbei verwendeten Formeln lassen eine gewisse, für das Verhältnis zwischen dem Reich und Habsburg kennzeichnende Spannung erkennen. Vor Beginn des eigentlichen Krönungsaktes gelobte der Habsburger in einem, wie man einleuchtend festgestellt hat, «unter Einfluß gegenreformatorischer Glaubenserneuerung» erweiterten Zeremoniell, sich dem Papst zu unterwerfen («subiectionem debitam ... reverenter exhibere»). Der darauf Gekrönte verpflichtete sich aber alsdann, «des Reiches Rechte» zu bewahren («conservare iura regni»), das heißt auch die von Innozenz X. in dem Breve «Zelus domus Dei» feierlich verworfene Grundordnung des Westfälischen Friedens, durch den der Zustand konfessioneller Vielfalt im Reich bestätigt worden war.

Das Konzept religiöser Toleranz aber war es nun gerade, das durch den neuen deutschen König, der als Österreicher ein Bewunderer des Preußenkönigs Friedrich war, in den gegenreformatorisch geprägten Donau- und Alpenlanden zur Geltung gebracht werden sollte. Joseph II. stieß Türen weit auf, um die Gedanken der Aufklärungsphilosophie aus Frankreich und aus Deutschland hereinströmen zu lassen. Welch ein Unterschied gegenüber der Denkweise seiner frommen Mutter Maria Theresia, für die Toleranz soviel bedeutete wie verabscheuungswürdige religiöse «Indifferenz»; hatte sie doch «verwitweten Bauersfrauen, die keine Gewähr für die religiöse Erziehung der Kinder boten, diese nehmen und bei katholischen Familien unterbringen» lassen und die Zwangsumsiedlung, die «Transplantation» von Protestanten aus Inner- und Oberösterreich nach Siebenbürgen angeordnet! (Hantsch) Und welch ein Unterschied, wenn durch Joseph nach dem Tode seiner Mutter im Toleranzpatent von 1781 den Lutheranern, Reformierten und Orthodoxen alle bürgerlichen Rechte und freie, weitgehend auch öffentliche Religionsausübung zugestanden wurden! Die Kirche war für den Kaiser ein Instrument zur moralischen Erziehung und Lenkung seiner Untertanen durch den Staat, dem er für seinen gesamten deutschen und nichtdeutschen Herrschaftsbereich eine zentralisierte und unter Abschaffung provinzieller und ständischer Sonderrechte eine unbeschränkt obrigkeitliche Form geben wollte. Sein Ziel war, aus den vielen nebeneinanderstehenden Ländern ein einheitliches Reich zu schaffen. Das gemeinsame Verständigungsmittel hierfür sollte in Verwaltung, Rechtsprechung, Armee und Bildungswesen die deutsche Sprache sein. Er förderte sie in jeder Hinsicht, auch zur Vermittlung der damals aufblühenden deutschen Literatur. Daher gründete er das Wiener Burg- als deutsches Nationaltheater. Mit seinen Maßnahmen zur Straffung und Rationalisierung der Verwaltung knüpfte Joseph in manchem an Reformen an, die schon unter Maria Theresia begonnen worden waren. Aber er unterschätzte die regionalen, korporativen und ständischen Widerstände, denen ein auf Rationalität, Einheitlichkeit und Zweckmäßigkeit abgestelltes Staatskonzept in einer so buntscheckigen und historisch so unterschiedlich geprägten Völkerwelt begegnen mußte, wie sie im Habsburgerreich versammelt war. Man hat diese Zeit als die der «österreichischen Aufklärung» bezeichnet, und man beurteilt sie bis zum heutigen Tage in Österreich je nach dem liberalen oder katholischen, deutschen oder betont nichtdeutschen Standort sehr unterschiedlich. Da wird auf der einen Seite «der große Kahlschlag der Seelen» beklagt; die Aufklärung unter Joseph II. habe «Österreichs alte Psyche zerstört» (Heer). Da wird auf der anderen Seite gerühmt, «daß er mit Hilfe einer verläßlichen, deutschsprechenden und wie der Kaiser selbst ganz dem Gedanken des Staatsdienertums hingegebenen Bürokratie die verschiedenen Länder und Völkerschaften aneinander» gebunden habe. Sie habe sich «bis zum Ende der Habsburgermonarchie als verläßlichste Klammer und Stütze des Staates, neben der von ähnlichem Geist durchdrungenen Armee, bewährt ...» (Wandruszka). Als eine positiv zu bewertende, weiterführende Epoche erscheint die josephinische Zeit ebenfalls in der Perspektive einer historisches Neuland erschließenden Untersuchung über die Prosa der österreichischen Aufklärung. Damals habe «die österreichische Literatur den seit der Gegenreformation in vieler Hinsicht verlorenen Anschluß an die deutsche und gesamteuropäische Literatur» wiedergefunden. Falsch sei «jedes Konzept der österreichischen Kultur- und Literaturentwicklung ..., das die ‹barocken› Züge der österreichischen Tradition einseitig überbetont und all das zu vergessen sucht, was in der Habsburgermonarchie in der zweiten Hälfte des 18. Jahrhunderts geschah. Einen lückenlosen

Übergang zwischen frommer, sinnlicher Barockkultur und einem ebenso frommen und gefühlvollen Biedermeier zu konstatieren, ist mehr als fragwürdig» (Bodi).

Wie dem auch sei, das von der aufgeklärten Rationalität Josephs geprägte hat sich nicht weniger als das durch barocke Spiritualität ausgezeichnete Österreich des Prinzen Eugen als Bollwerk Deutschlands im Kampf gegen die französischen Hegemoniebestrebungen bewährt, diesmal gegen den revolutionären Imperialismus der Jakobiner und Napoleons. An diesen meist in unzureichend koordinierten Bündnissen mehrerer Mächte geführten Kämpfen, die 1792 begannen und mit den Freiheitskriegen 1813/14 siegreich endeten, hat Österreich länger und nachhaltiger teilgenommen als irgendeine andere Kontinentalmacht. Fast doppelt so viele Jahre wie Preußen stand es im Krieg. Das alte, morsch gewordene Reich ging in der napoleonischen Zeit zugrunde. Im Jahre 1806 verkündete Kaiser Franz sein Ende. Er selber hatte den Titel eines erblichen «Kaisers von Österreich» angenommen. Von nun an bis zur staatsrechtlichen Neuregelung im österreichisch-ungarischen Ausgleich von 1867 wurde der Begriff «Kaiserstaat Österreich», wenn auch nicht unumstritten, als Bezeichnung des vielvölkischen habsburgischen Gesamtreiches verwendet. Es war eine Art «translatio imperii», eine Verlagerung des Reichs; die Reichsinsignien – Krone, Schwert, Zepter, Reichsapfel – hatte man rechtzeitig von ihrem herkömmlichen Aufbewahrungsort Nürnberg nach Wien gebracht, und als

Wappen des österreichischen Kaisertums wurde der zweiköpfige schwarze Adler auf Gold im römisch-deutschen Kaiserbanner übernommen. Österreich war nun zum erstenmal staatsrechtlich aus dem Zusammenhang mit dem übrigen Deutschland ausgeschieden. Die geschichtliche Verklammerung aber wurde dadurch nicht aufgelöst. Im Gegenteil. Während das Heilige Römische Reich Deutscher Nation zerbrach, begann das deutsche Volk seiner selbst als politische Nation bewußt zu werden. Zwar hatten die Koalitionskriege gegen Napoleon durchweg noch den Charakter von Kabinettskriegen. Aber Momente des Volks- und Nationalkrieges spielten hinein, so in Spanien, in Rußland, in Österreich und in der Endphase des Kriegs besonders in Preußen. Man hat zu Recht gesagt, die Freiheitskriege hätten mit dem flammenden Aufruf des österreichischen Generalissimus Erzherzog Karl zum nationalen Widerstand begonnen. «Wir kämpfen», so hieß es dort, «um die Selbständigkeit der österreichischen Monarchie zu behaupten – um Deutschland die Unabhängigkeit und die Nationalehre wieder zu verschaffen, die ihm gebühren ... Unser Widerstand ist seine letzte Stütze zur Rettung. Unsere Sache ist die Sache Deutschlands. Mit Österreich war Deutschland selbständig und glücklich; nur durch Österreichs Beistand kann Deutschland wieder beides werden ...» Damals erhoben sich die Tiroler. Preußen, durch den Frieden von Tilsit gelähmt, verharrte in Neutralität. Aber unter dem Eindruck dessen, was in Österreich vor sich ging, wagten einige in Deutschland von sich aus spontanen Widerstand, so der westfälische Oberst Dörnberg, der preußische Major von Schill, der Herzog Friedrich Wilhelm von Braunschweig.

Als es Erzherzog Karl gelang, Napoleon zum erstenmal in der offenen Feldschlacht von Aspern zu widerstehen, da pries ihn Heinrich von Kleist in einer Hymne als den «Überwinder des Unüberwindlichen» – verfrüht, wie wir wissen, weil für Preußen die Stunde noch nicht gekommen war und Österreich, allein gelassen, nach der Niederlage von Wagram abermals zu einem verlustreichen Frieden gezwungen wurde. Vergeblich auch rief Kleist in seinem «Katechismus der Deutschen» das Volk auf, sich an die Heere Österreichs «zur Befreiung des Landes» anzuschließen. Und ein ganz unwirklicher Traum war es, wenn Kleist sich vorstellte, Kaiser Franz könnte eine Proklamation erlassen, um nach einem dereinstigen Sieg über Napoleon einem allgemeinen Reichstage die Aufgabe zu übertragen, dem erneuerten Reich eine Verfassung zu geben.

V.

Solche nationalen Kaiser- und Reich-Visionen verwirklichten sich nicht, als sich die Mächte nach der Niederwerfung Napoleons auf dem Wiener Kongreß 1814/15 daranmachten, das europäische Konzert der Mächte wiederherzustellen. Aber das Bedürfnis, Mitteleuropa mit seinem deutschen Kern eine stabile Ordnung zu geben, war doch so unabweislich, daß nun die ehedem zum Deutschen Reich gehörenden Teile der österreichischen Gesamtmonarchie und die übrigen deutschen Staaten wieder in ein festes Verhältnis zueinander gebracht wurden in Gestalt des Deutschen Bundes. Dieser umfaßte die Gebiete des früheren Reiches, d. h. von der österreichischen Gesamtmonarchie nur einen Teil. Er war historisch die letzte Form, in der Österreich eine völker- bzw. staatsrechtlich festgelegte Mitbeteiligung an der Lenkung der Geschicke Gesamtdeutschlands zukam. Ihm wurde für diesen Staatenverein die herausgehobene Stellung des Vorsitzenden zuerkannt. Die Bundesversammlung hatte ihren Sitz in der Stadt der früheren Kaiserwahl und -krönung. Die Präsidialmacht Österreich blieb in ihrer politischen Orientierung vorwiegend auf das deutsche Interessenfeld ausgerichtet, obwohl der Besitzstand Österreichs im deutschsprachigen Raum durch die Kriege des 18. Jahrhunderts geschmälert worden war (Schlesien, Vorderösterreich) und obwohl es im böhmisch-mährischen, im Karpathen-Donauraum und in Norditalien weit über diesen hinausgriff. In Österreich lebten germanisch, slawisch, romanisch und madjarisch sprechende Bevölkerungen nebeneinander. Es konnte als ein Abbild Europas im kleinen erscheinen. So hat es drei Jahre nach der Entstehung des Deutschen Bundes der junge Ranke gesehen: «Ein jeder Stamm ist mit Österreich verwandt: durch Österreich sind es die verschiedenen untereinander: darum ist die Macht von Österreich durchaus europäisch: man möchte sagen, die einzige wahrhaft europäische.» Das die Völkervielheit Verbindende aber sah Ranke – mit den Augen der Habsburger – darin, «daß das Vorherrschende in dem Österreichischen das Deutsche» sei. Deshalb schlossen sich die vielvölkische Zusammensetzung Österreichs und seine Führungsrolle in Deutschland nach diesem Verständnis nicht aus, sondern bedingten sich gegenseitig. Der Deutsche Bund hat die ihm zugeschriebene Aufgabe, nach den Kriegswirren der napoleonischen Zeit die ruhige Mitte des wiederhergestellten Europas zu bilden und den Frieden in diesem Raum zu sichern, ein halbes Jahrhundert lang erfüllt. Insofern entsprach er den Erfordernissen der Zeit.

Unzeitgemäß aber und den immer kräftiger sich rührenden Tendenzen der Zeit widersprechend war es, daß im Bund unter der Tonangabe durch den österreichischen Absolutismus die auf eine freiheitliche Staatsverfassung ausgerichteten Bestrebungen unterdrückt wurden. Der Vielvölkerstaat sah sich durch deren zentrifugale Sprengwirkung bedroht, je mehr sich der Wille zur politischen Freiheit mit dem nach nationaler Unabhängigkeit verband, besonders dort, wo eine revolutionäre Bewegung innerhalb des Habsburgerreiches unter die Sogkraft nationaler Einheitsbewegungen von Nachbarländern geriet. Dies war in Norditalien und besonders im deutschen Teil Österreichs der Fall.

In der Frankfurter Nationalversammlung von 1848 wurde es zum heftigst umstrittenen Problem für die Verfassung des zu errichtenden deutschen Nationalstaates, ob und wie das deutsche Österreich darin seinen Platz finden könnte, ob sie kleindeutsch oder großdeutsch sein sollte. Von Hause aus strebte die 48er Revolution auf eine großdeutsche Lösung zu. Dem entsprach es, daß die Paulskirchenversammlung einen österreichischen Erzherzog zum Reichsverweser wählte, daß ein Österreicher (Schmerling) das Amt des Reichsinnenministers, später des Ministerpräsidenten erhielt und daß die schwarz-rot-goldene Fahne der Revolution zum Symbol aller großdeutschen Zielsetzungen wurde. Aber die Verfassungsdebatten in der Paulskirche verrannten sich bald in ein Problem, das so unlösbar erschien wie die Quadratur des Kreises. Konnten die Deutsch-Österreicher an ihrer Loyalität zum österreichischen Gesamtstaat festhalten und sich dennoch für die Schaffung eines deutschen Nationalstaates einsetzen? Das schloß sich gegenseitig aus. Der Dithmarscher Friedrich Hebbel, dem Wien zur Heimat geworden war, hat das auf eine spaßige Formel gebracht: «Die lieben Österreicher sinnen jetzt darüber nach, wie sie sich mit Deutschland vereinigen können, ohne sich mit Deutschland zu vereinigen. Es wird schwer auszuführen sein, ebenso schwer, als wenn zwei, die sich küssen sollten, sich hierbei den Rücken zuzukehren wünschten.»

VI.

Bismarck hat diesen Problemknoten mit einem Gewaltstreich durchschlagen. Am 14. Juli 1866 erklärte er aus Anlaß des Streites mit Österreich über das zukünftige Schicksal des von beiden gemeinsam eroberten Schleswig-Holstein den Bund für aufgelöst. Österreich hat für dessen Fortbestand und seine eigene führende Stellung in ihm Krieg geführt und ihn verloren. Königgrätz bedeutet von Österreich her gesehen die erste Teilung des durch Reichs- und Bundestradition zusammengehörenden Deutschland, von Preußen her gesehen den Auftakt zur Begründung eines kleindeutschen Nationalstaates. Gab es damals praktikable Alternativen zum Ausschluß Österreichs, zur Teilung Deutschlands durch den Nationalstaat?

Diese Frage ist umstritten. War der Ausschluß Österreichs vermeidbar, und ist Bismarck als der Hauptverantwortliche für diesen Bruch in der deutschen Entwicklung haftbar zu machen? Oder ist Bismarck als der Vollstrecker einer historisch zwangsläufigen Entwicklung zum Nationalstaat anzusehen, der in Deutschland wegen dessen Verschränkung mit dem österreichischen Vielvölkerstaat nun einmal nicht anders zu haben war als in kleindeutscher Begrenzung? Es ist natürlich legitim, bei der Aufspürung historischer Verursachungen von der Annahme auszugehen, daß die Dinge so kommen mußten, wie sie kamen. Das stärkste Argument dafür, daß es keine Alternative zum Ausschluß Österreichs gab, ist der Hinweis auf die 48er Revolution. Nicht erst Bismarck, sondern schon die liberale Paulskirche war an dem Versuch gescheitert, einen Ausgleich zu finden zwischen großdeutschem Staatenbund mit und kleindeutschem Bundesstaat ohne Österreich. Die Schaffung eines großdeutschen Bundesstaates, so wird argumentiert, hätte zudem die Gegnerschaft der europäischen Mächte auf den Plan gerufen und wäre nicht ohne einen allgemeinen Krieg zu haben gewesen. Dasselbe gelte erst recht für die von Österreich unter Schwarzenberg geforderte alternative Lösung, das gesamte multinationale Österreich in einen großen mitteleuropäischen Bund mit Deutschland einzubeziehen.

Solche hypothetischen Überlegungen über den wahrscheinlichen Verlauf der Dinge unter angenommenen Voraussetzungen haben die Schwäche, daß sie nicht verifizierbar sind. Wenn man sich jedoch in die offene Entscheidungssituation jener Zeit zurückversetzt, dann begegnet man einer ganzen Reihe von konkreten Alternativvorschlägen, die aus der Sicht der Zeit keineswegs von vornherein als unrealisierbar eingestuft werden können. Bismarck selber hat mehrere Zwischenlösungen ins Spiel gebracht, wenn sie auch nur als taktische Aushilfen gemeint waren, um sein Ziel, die endgültige Ausschaltung Österreichs auch aus Süddeutschland, wenn möglich ohne Krieg, zu erreichen. Besondere Aufmerksamkeit verdient aber die österreichische Initiative, eine energische Reform des Deutschen Bundes durch einen 1863 nach Frankfurt einberufenen Fürstentag in die Wege zu leiten. Der preußische König hätte sich gerne beteiligt, Bismarck hat es ihm verboten. Worum ging es? Kaiser Franz Joseph I., der sich damals betont als «deutscher Fürst» bekannte und der in Wien ein Denkmal hatte errichten lassen für Erzherzog Karl, den «beharrlichen Kämpfer für Deutschlands

Ehre», legte seinen Bundesgenossen in Frankfurt einen Reformplan vor zu dem Zweck, «das Nationalband der Deutschen zu festigen». Vorgeschlagen wurde die Einfügung gewisser bundesstaatlicher Elemente in die föderalistische Struktur des Deutschen Bundes, nämlich: Verstärkung der Bundesexekutive nach innen und außen durch Schaffung eines sechsköpfigen Direktoriums mit privilegierter Stellung von Österreich, Bayern und Preußen; Einrichtung einer Bundesjurisdiktion («Bundesgericht»); Berufung eines neben den Regierungsvertretungen mitentscheidenden Legislativorgans in Form einer «Versammlung der Bundestagsabgeordneten», die allerdings nicht aus direkten Wahlen hervorgehen, sondern aus Delegierten der einzelstaatlichen Landtage bestehen sollte. In die Zweckbestimmung des Bundes sollte neu aufgenommen werden die «Wohlfahrt der Nation», ohne eine Auflistung, d. h. auch ohne Begrenzung der sich hieraus für die Legislative ergebenden Kompetenzen. Hätte dies nicht, wenn Preußen zugestimmt hätte, im großdeutschen Rahmen der Ansatzpunkt sein könnten für die allmähliche Entwicklung einer handels-, wirtschafts- und rechtspolitischen Entwicklung, für die Bismarck im Gegenzug gegen diesen österreichischen föderalistischen Reformvorschlag einen ganzen Kompetenzkatalog des zu schaffenden kleindeutschen Bundesstaates unter ausdrücklichem Ausschluß Österreichs forderte? Eine offene Frage. Es wäre vorschnell, die Möglichkeit zu verneinen, daß man damals auf dem von Österreich vorgeschlagenen Wege hätte weiterkommen können; vorschnell jedenfalls im Lichte unserer eigenen, heutigen Erfahrungen aus dem europäischen föderativen Einigungsprozeß. Eine auf einem solchen Wege Schritt um Schritt sich vertiefende Integration verschiedener Staaten ist keine historische Utopie.

VII.

Für die nach dem innerdeutschen Kriege von 1866 und der Teilung Deutschlands nunmehr ohne verfassungsrechtliche Bindung einander gegenübertretenden Staaten Österreich und Deutschland entwickelte sich dennoch eine «Beziehung besonderer Art», der 1879 abgeschlossene Zweibund. Er war eine Defensivallianz gegen Rußland. Seine Motivation lag in Zwängen des europäischen Mächtesystems und nicht in gesamtdeutschen Erinnerungen, die Bismarck gleichwohl in den Denkschriften anklingen ließ und mit denen er den zögernden deutschen Kaiser für diesen Schritt zu gewinnen suchte. Dies war eine schicksalsträchtige Entscheidung. Denn schließlich wurden beide, Deutschland wie Österreich, unausweichlich jeder durch die Belastungen des andern in einen Strudel von europäischen Machtrivalitäten hineingerissen, die im Ersten Weltkrieg zum Zusammenbruch des deutschen Kaiserreiches und zur Auflösung der Donaumonarchie führten.

Der Zweibund war ein historisch eigentümliches Gebilde. Da hatten sich zwei Staaten auf Gedeih und Verderb aneinander gebunden, die auf eine lange gemeinsame Geschichte zurückblickten, deren Wege sich aber dann gegabelt hatten und die nun zwei gänzlich unterschiedliche Typen staatlicher Gestaltung darstellten: hier der deutsche Nationalstaat, dort der Vielvölkerstaat der Donaumonarchie. Der Nationalstaat war jedoch unvollendet. Bismarck hatte, als er Österreich aus Deutschland hinausdrängte, bewußt darauf verzichtet, die deutschen Gebiete Österreichs in das Reich eingliedern zu wollen. Er sah in der Existenz der Donaumonarchie eine Notwendigkeit für die Aufrechterhaltung des europäischen Gleichgewichts.

Der innere Zusammenhalt dieses multinationalen Staates war jedoch in den Jahrzehnten zwischen der 48er Revolution und dem Weltkrieg mehr und mehr brüchig geworden. Weder die Umwandlung des Kaiserreichs Österreich in eine österreichisch-ungarische Doppelmonarchie 1867 noch die von den österreichischen Sozialisten getragenen Vorschläge, die Monarchie in einen Verband gleichberechtigter Nationalitäten umzuformen, hatten diesen Korrosionsprozeß aufhalten können. Mit dem Untergang dieses Staates verbinden sich nostalgische Erinnerungen, nicht nur im heutigen Österreich. Wie oft wird nicht jenes Wort zitiert, mit dem einst der Historiker František Palacky, ein Vorkämpfer der tschechischen Nationsidee, die Einladung zur Teilnahme an der deutschen Nationalversammlung in der Paulskirche abgelehnt hatte: «Wahrlich, existierte der österreichische Kaiserstaat nicht schon längst, man müßte im Interesse Europas, im Interesse der Humanität selbst sich beeilen, ihn zu schaffen»; oder jenes düstere Urteil Churchills aus dem Jahre 1948: «Es gibt keine einzige Völkerschaft oder Provinz des habsburgischen Reichs, der das Erlangen der Unabhängigkeit nicht die Qualen gebracht hätte, wie sie von den alten Dichtern und Theologen für die Verdammten der Hölle vorgesehen sind.» Bemerkenswert ist auch eine Feststellung Friedrich Heers, der auf seiner Suche nach der Identität auf das Phänomen eines «einmaligen, einzigartigen österreichischen Patriotismus» im Kriege stieß: «Die Söhne von 30 Millionen Slawen kämpften bis zum Zusammenbruch 1918 in den kaiserlichen Armeen. Die oft berufenen tschechischen Desertionen, die Bildung einer tschechischen Legion in Rußland – aus Kriegsgefangenen! – rührten nicht an die Substanz dieser Armee. Niemals gab es hier eine Massenrebellion wie in der französischen Armee 1916.» Natürlich wird dies von draußen her gesehen unter Umständen ganz anders beurteilt, wie jeder, der etwa Zeuge der leidenschaftlichen Auseinandersetzungen zwischen österreichischen und jugoslawischen Historikern auf dem Internationalen Historikerkongreß in Wien 1965 war, bestätigen wird. Bemerkenswert ist jedenfalls die starke Nachwirkung eines gesamtösterreichischen Patriotismus im heutigen, auf seinen historischen Ursprungsbestand reduzierten Österreich.

Träger dieses gesamtösterreichischen Patriotismus fanden sich in allen Völkern der Donaumonarchie. Vor allem aber waren es deutsche Österreicher, die an der Schaffung dieses Vielvölkerzusammenhalts maßgeblich beteiligt gewesen waren, die ihn trugen und sich zu ihm bekannten. Österreichisches und deutsches Identitätsbewußtsein brauchten sich dabei keineswegs, wie es heute manchen scheint, auszuschließen. So erklärte Kaiser Franz Joseph: «Ich bin vor allem Österreicher, aber entschieden deutsch und wünsche den innigsten Anschluß an Deutschland.» Ähnliches läßt sich nicht zuletzt bei jenen Meistern der deutschen Sprache nachweisen wie Grillparzer, Stifter und Hofmannsthal, auf deren Werk gerne und zu Recht als einen charakteristischen Ausdruck österreichischen Menschentums hingewiesen wird. So besang Grillparzer in einer Ode auf den einstigen Kaiser Joseph II. in einer uns fremd gewordenen Pathetik «des deutschen Adlers Sonnenflug» und rühmte dessen Bemühung, deutsch als Amtssprache «für die ganze Einwohnerschaft» der Monarchie zur Geltung zu bringen. «Ich bin froh, ein Deutscher zu sein», vermerkte er, der von sich sagte, daß er Österreich, sein Vaterland, «bis zum Kindischen liebe», in seinem Tagebuch, und noch nachdem Österreich aus Deutschland verstoßen worden war, bekannte er in einem Epigramm, das er für die Kronprinzessin von Preußen auf die Rückseite seines Fotos schrieb: «Als Deutscher ward ich geboren – bin ich noch einer? Nur, was ich Deutsches geschrieben, nimmt mir keiner.» Stifter pries in einem bei ihm sonst seltenen Überschwang «das deutsche Volk» als «das erste an Geist und Seele», das darum verpflichtet sei, «stets an der Spitze von Recht und Sitte» zu stehen. Um so bitterer klagten Grillparzer und Stifter die preußischen Sieger von 1866 an. Hugo von Hofmannsthal schließlich hat in besonders klarer Weise ein österreichisches Deutschbewußtsein ausgesprochen: «Österreichs ganzes Dasein ist erschlossen, wenn man mit belebtem Blick die ganze deutsche Geschichte als Gegenwart erfaßt...»

VIII.

Dieses während des Ersten Weltkrieges kurz vor der Auflösung Österreich-Ungarns gesprochene Wort gilt auch für die Zeit nachher. Die Deutsch-Österreicher wollten nichts anderes als die Polen, Rumänen, Südslawen und Italiener der Donaumonarchie, nämlich den Anschluß an das Nachbarland, dem sie sich durch Sprache und Geschichte zugehörig fühlten. So beschloß die Nationalversammlung der deutschen Österreicher am 12. November 1918, drei Tage nach der Staatsumwälzung im Reich: «Deutsch-Österreich ist ein Bestandteil der Deutschen Republik.» Der Beschluß wurde unter Wortführung der österreichischen Sozialisten einstimmig gefaßt. In Berlin reagierten der Rat der Volksbeauftragten und danach Nationalversammlung und Reichsregierung aus taktischen Gründen mit Rücksicht auf die Friedensverhandlungen zurückhaltend bei grundsätzlicher Zustimmung. Wie deutlich sich dabei die Vorstellungen über den Anschluß konkretisierten, zeigt ein am 2. März 1919 in Berlin vereinbartes geheimes Protokoll zwischen dem Staatssekretär für Auswärtige Angelegenheiten Otto Bauer und

Reichsaußenminister Graf Brockdorff-Rantzau. Als Ergebnis mehrtägiger Delegationsverhandlungen stellte es eine Art Vorvertrag über den zukünftigen Zusammenschluß dar. In 22 Paragraphen wurden Vereinbarungen über Staatsrecht, Handelspolitik, Verkehr und Währung entworfen. Wien sollte die zweite Hauptstadt des Reiches werden mit alternierendem Sitz des Reichspräsidenten hier und dort. Auch eine Reihe von Reichsämtern wünschten die Österreicher an die Donau verlegt zu sehen. Nichts wurde aus solchen Plänen. Die Friedensverträge von Versailles und Saint-Germain verboten den Zusammenschluß der beiden Staaten. Reichsregierung und Nationalversammlung, zu deren Wahl auch die im Reichsgebiet wohnenden Deutsch-Österreicher Stimmrecht erhalten hatten, erklärten auf Verlangen der Siegermächte den Artikel 61,2 der Weimarer Verfassung, der den Vertretern Österreichs bis zum Anschluß beratende Stimme im Reichsrat zubilligte, für ungültig. Aus dem Staatsnamen Österreichs mußte das Wort «Deutsch« gestrichen werden. Dafür erhob die österreichische Nationalversammlung gleichsam als Kompensation in der heute noch oder wieder geltenden Verfassung die deutsche Sprache zur Staatssprache. Im Januar 1921 gedachte der Nationalrat 50 Jahre nach der erfolgten Gründung des Deutschen Reiches in feierlicher Weise dieses Ereignisses. Ein Zeichen des damaligen Einklangs ist auch in Deutschland sichtbar geblieben. Daß Schwarz-Rot-Gold die Fahne der Republik wurde, geht auf einen Vorschlag des österreichischen Gesandten Ludo Moritz Hartmann zurück. Das Staatswappen Österreichs ist – bis auf den heutigen Tag – in den gleichen Farben gehalten.

Die Entwicklung Österreichs und Deutschlands in der Zwischenkriegszeit läßt bei allen Unterschieden erkennen, wie stark die geschichtliche Verklammerung dieser beiden Teile des deutschen Volkes gewesen ist. Im folgenden seien in aller Kürze die Hauptetappen genannt, die als Fakten festzuhalten sind, obwohl sie in ihrer Deutung und Beurteilung für lange Zeit Stoff für kontroverse Auseinandersetzungen bieten werden. Wenn in Österreich wie in Deutschland eine parlamentarische Republik ins Leben treten konnte, so war dies möglich, weil in der Gründungsphase hier wie dort die Sozialdemokraten unter Abwendung von radikal revolutionären Tendenzen zur demokratischen Koalitionsbildung bereit und fähig waren. Das parlamentarische System funktionierte hier wie dort bis um die Wende von den zwanziger zu den dreißiger Jahren. Wie die Weimarer Republik in einer präsidialen Regierungsweise endete, so kam es auch in Österreich in der Zeit der Wirtschaftskrise zu einer Verstärkung der Präsidialgewalt, zu einer «Präsidentschaftsrepublik». Der Machtübertragung an Hitler in Deutschland am 30. Januar 1933 folgte in Österreich am 15. März die Auflösung des Nationalrats und 1934, parallel zur Errichtung des Führerstaats in Deutschland, die Umwandlung der österreichischen Präsidentschaftsrepublik in ein autoritär-ständisches Regime, das sich – analog zu Deutschland – auf eine einzige, monopolisierte politische Kraft, die «Vaterländische Front», stützte. Dieser «Austrofaschismus» zwang seine Gegner von rechts und links in die Illegalität. Er verstand sich in Abgrenzung vom und Gegensatz zum Nationalsozialismus nicht als nichtdeutsch, sondern als das bessere Deutschland.

Dem Begriff «Austrofaschismus» begegnet man in zahlreichen österreichischen Veröffentlichungen zur Zeitgeschichte auf der Suche nach einer nationalen Identität unter Abwendung von der deutschen Geschichte auf Schritt und Tritt. Mit ihm werden sowohl der undemokratische wie der betont deutsche Charakter des Regimes von Dollfuß und Schuschnigg bezeichnet. Der «christliche Ständestaat» erscheint hier trotz seiner Gegnerschaft zum Nationalsozialismus als der Übergang zu ihm und geradezu als dessen «Wegbereiter». Andere lehnen den Begriff ab, weil er die Unterschiede verwische und der Tatsache nicht Rechnung trage, daß Hitler hier zum erstenmal auf staatlichen Widerstand gestoßen sei. Mir scheint dennoch vieles für die Beibehaltung dieses Begriffs zu sprechen, weil er sowohl das Unterscheidende (Austro) wie die nun einmal gegebenen Strukturähnlichkeiten (Faschismus) mit dem damaligen italienischen und deutschen Herrschaftssystem kennzeichnet. Dieses österreichische «bessere Deutschland» hat dem nationalsozialistischen Deutschland seine erste außenpolitische Niederlage zugefügt, als es den NS-Putsch im Juli 1934 niederwarf, dabei nur kurz von Italien sekundiert, aber später von den europäischen Mächten wieder allein gelassen. 1938 wurde das an der «Wegbereitung» beteiligte Österreich das erste «Opfer» nationalsozialistischer Aggression. Es gehört zur innenpolitischen Relevanz in der Beurteilung dieser Vorgänge, wenn in der zeitgeschichtlichen Argumentation Hinweise darauf vorgetragen werden, wie weitgehend doch die Orientierung an Deutschland auf allen Seiten gewesen sei auch angesichts der nationalsozialistischen Herrschaft im Reich. So lesen wir bei Gerald Stourzh: «Im Hinblick auf die so viele Lebensbereiche durchdringende Dominanz des ‹Deutschfühlens› in der Ersten Republik scheint es umso mehr geboten, die häufige Kritik an der These vom ‹zweiten deutschen Staat› der Ära Dollfuß-Schuschnigg in einen breiteren Kontext zu stellen. Die Sozialdemokratie, und das wird zu selten gesehen, war nämlich drauf und dran, nach Hitlers Machtergreifung in Deutschland ebenfalls die These vom zweiten, ‹besseren› deutschen Staat zu verfechten. In einem Artikel, ‹Österreichs Mission› im ‹Arbeiter-Sonntag› (Beilage zur AZ vom 15. Oktober 1933, ungezeichnet, Otto Bauers Autorschaft ist nicht auszuschließen) heißt es: ‹Ein deutsches Land der Freiheit, ein deutsches Land des Geistes und der Kultur – das sollte Österreich sein.› Am Vortage hatte Otto Bauer dem sozialdemokratischen Parteitag namens der Parteivertretung einen Text unterbreitet, wonach die Arbeiterklasse bereit sei, die ‹Unabhängigkeit und die Freiheit der österreichischen Volkes (sic!) gegen den deutschen Nationalfaschismus (sic!) zu verteidigen›, wenn (neben Garantien der Demokratie, der

Freiheitsrechte und der sozialen Errungenschaften der Arbeiterklasse) ‹diese Republik für die gesamte deutsche Nation die Mission erfüllt, in einer Zeit, in der das deutsche Volk im Reiche unter die blutige Herrschaft einer barbarischen Despotie gefallen ist, auf einem Teil deutschen Bodens, deutscher Freiheit, deutscher Kultur, dem Aufwärtsringen deutscher arbeitender Volksmassen eine Stätte zu erhalten.› Die These vom ‹besseren› deutschen Staat war also kein Spezifikum des Dollfuß-Schuschnigg-Regimes; schon um den Nationalsozialisten das Wasser abzugraben, hätte sich eine schwarz-rote Kooperation, wäre sie je zustandegekommen, einer solchen These bedient.» Und Friedrich Heer zitiert aus einem Gesuch Schuschniggs an Hitler zwei Wochen nach seiner Verhaftung: «Volkspolitisch dachte ich mir die Entwicklung so, daß enge wirtschaftliche Verbindung – zunächst ohne Zoll- und Währungseinheit – angestrebt werde, bei gleichzeitigem regem Kulturaustausch. Für den Verlauf der Entwicklung schwebte mir ein alter Gedanke vor: nämlich Österreich als selbständiger Staat in staatsrechtlicher Bindung mit dem Reich, ebenso, daß Außenpolitik und Militärhoheit gemeinsam in Berlin geführt und Österreich ein moderner Bundesstaat werde.»

Der im März 1938 durch den Einmarsch der Wehrmacht herbeigeführte Anschluß hatte in beiden Ländern eine breite Welle der Zustimmung ausgelöst. Sowohl Führer der verbotenen sozialistischen Partei wie der hohe Klerus Österreichs appellierten an ihre Anhänger, bei der Volksabstimmung über das Anschlußgesetz mit Ja zu votieren. Die Enttäuschungen folgten auf dem Fuße, so tiefgehend, daß mit dem Zusammenbruch des NS-Reiches der Anschlußgedanke endgültig erledigt war, auch in der österreichischen Widerstandsbewegung. Dennoch bleibt der beherrschende Eindruck, daß die österreichische Bevölkerung, nicht unähnlich der im übrigen Deutschland, im Kriege Anstrengungen und Opfer in einer breiten Skala zwischen Zustimmung und Resistenz, aber doch ohne Massenverweigerung auf sich nahm. Ähnliches ist von den über eine Million österreichischen Soldaten zu sagen, die in der deutschen Wehrmacht kämpften, darunter auch Elitetruppen, diszipliniert bis zum bitteren Ende. Wenn man sich fragt, wie groß bei alldem der verhältnismäßige Anteil der genuinen, das heißt der organisierten Nationalsozialisten an der Gesamtbevölkerung in Deutschland und Österreich war, so ergibt sich bei situationsbedingten Phasenverschiebungen der Entwicklung im Resultat eine deutliche Vergleichbarkeit der Größenordnung. Trotz Illegalität konnte sich in der Zeit des Dollfuß/Schuschnigg-Regimes die Zahl der Parteimitglieder mehr als verdoppeln. Unter der NS-Herrschaft stieg sie von 147000 vor dem Anschluß auf ca. 700000 bei Kriegsende an; Vergleichszahl für Deutschland innerhalb der Grenzen von 1937: ca. 6,5 Millionen bei Kriegsende. Umgerechnet auf die Bevölkerungszahl – Österreich rund 7 Millionen, Deutschland in den Grenzen von 1937 rund 70 Millionen – lag der Anteil der organisierten Parteimitglieder gegen Kriegsende hier wie dort bei etwa

10%. Der Anteil der NS-Stimmen bei den Wahlen, solange sie frei waren, lag in Deutschland im Jahre 1932 bei etwas mehr als einem Drittel für die NSDAP. In Österreich gab es unter dem Regime des Austrofaschismus keine Wahlen. Man schätzt die Zahl der potentiellen NSDAP-Anhänger auf 30%. Hier wie dort ist der Nationalsozialismus nicht durch den frei geäußerten Willen der Mehrheit der Bevölkerung zur Macht gelangt. Alle Wahrscheinlichkeit spricht für die Annahme, daß auch die für den 13. März 1938 von Schuschnigg vorgesehene Volksabstimmung für die Freiheit und Unabhängigkeit eines deutschen Österreich eine Mehrheit erbracht hätte, weil es ein Votum gegen den Nationalsozialismus gewesen wäre, wenn auch verklausuliert verbunden mit einem Votum für das bestehende austrofaschistische System. Gegen diese Annahme spricht auch nicht die ohne Zweifel große Mehrheit, die wenige Wochen später bei der Volksabstimmung vom 10. April den Anschluß bejahte.

Daß nach der Schreckensbilanz der durch den Anschluß herbeigeführten NS-Herrschaft und nach dem verlorenen Krieg die Österreicher die Gelegenheit wahrnahmen, sich von Deutschland zu trennen, und ganz anders als 1918 und in klarer Absage an den Anschluß nunmehr auch aus eigenem Willen einen eigenen Staat bildeten, ist zunächst einmal situationsbedingt. Man hoffte, aus der chaotischen Hinterlassenschaft des Dritten Reiches um so eher einen Ausweg zu finden, als man politisch in dem Bemühen um eine Neuorientierung des Denkens einen harten

Trennungsstrich gegenüber allem Deutschen zog. Dabei geriet die historische Erinnerung in die Versuchung, die harten Konturen zeitgeschichtlicher Gemeinsamkeiten in einem wohltätigen Nebel des Vergessens verschwimmen zu lassen. Eine solche durch die österreichische Lage erklärbare Reaktionsweise ist um so verständlicher, wenn man sich daran erinnert, daß man auch in anderen Gebieten den Versuch machte, sich in jeweils besonderer Weise aus dem allgemeinen Schiffbruch zu retten, so in Schleswig-Holstein etwa, wo die dänische Minderheit plötzlich in wunderbarer Weise anschwoll, oder im Saargebiet, wo viele entdeckten, daß es sich in einem dem französischen Wirtschaftsgebiet zugeschlagenen Land damals im Vergleich zu Deutschland ganz gut leben ließ. Natürlich griffen die Österreicher in der schlimmen Notlage, in der sie sich befanden, nach dem Rettungsring, den ihnen die Alliierten mit der Moskauer Erklärung vom 13. Oktober 1943 zugeworfen hatten: Zwar trage Österreich eine Mitverantwortung wegen seiner «Teilnahme am Kriege an der Seite Hitler-Deutschlands», aber dennoch solle es als «das erste freie Land, das der Hitleraggression zum Opfer fiel, von der deutschen Herrschaft befreit werden».

IX

Wenn man die österreichische Entwicklung in einer Person greifbar machen will, wird man immer wieder auf Karl Renner stoßen. Er war der erste Bundeskanzler der ersten Republik und der erste

Bundespräsident der zweiten. Als einer der Führer der österreichischen Sozialdemokratie war er nach dem Ersten Weltkrieg Vorkämpfer der Anschlußidee gewesen. Seine fundamentale Gegnerschaft gegen den Nationalsozialismus hinderte ihn nicht, 1938 für das Anschlußgesetz zu stimmen und sich auch später noch zu dieser Tatsache zu bekennen. Selbst die Angliederung des Sudetenlandes 1938 vermochte er noch als legitimen Abschluß der deutschen Nationalstaatsbildung zu sehen. Gerade er hat aber dann mit großer Umsicht und Tatkraft schon am 27. April 1945 in Wien eine provisorische Regierung gebildet und rechtzeitig vollendete Tatsachen geschaffen, von denen her sich die Zweite Republik entwickelte.

Die Bundesrepublik ebenso wie die DDR traten erst vier Jahre später ins Leben. Alle drei deutschen Staaten erreichten den Abschluß ihrer Staatsbildung im Jahre 1955: die Bundesrepublik und die DDR durch die jeweilige Proklamation der vollen Souveränität und ihre militärische Integration in das westliche beziehungsweise östliche System, Österreich durch den Staatsvertrag und die Proklamation der Neutralität.

Mit diesem Staat sind die Österreicher identisch, so wie es die Bundesrepublikaner mit dem ihren sind. Für das positiv entwickelte Verhältnis der Westdeutschen zu ihrer Republik hat man den Begriff eines bundesrepublikanischen «Verfassungspatriotismus» ins Spiel gebracht. Das ist nüchtern, unpathetisch und hoffentlich zutreffend. In Österreich spricht man etwas vollmundiger von «österreichischer Nation».

Skepsis gegenüber diesem Begriff ist berechtigt. Der Entstehung von Nationen lagen in Europa positive Erinnerungen an große heroische Geschehnisse zugrunde, wie Selbstbefreiung von fremder Herrschaft, gewonnene Kriege und siegreiche Revolutionen, sowie Perspektiven für eine die Phantasie des Volkes mitreißende Zukunftsaufgabe. Kann das für die Teilstücke des an seiner eigenen nationalistischen Überspanntheit zugrunde gegangenen großdeutschen Reiches angenommen werden? Wie dem auch sei, nach Meinungsumfragen bekennt sich die große Mehrheit der Österreicher zu einer österreichischen Nation. Was aber kann mit diesem Begriff, der in der Geschichte viele unterschiedliche Bedeutungen angenommen hat, gemeint sein?

Bruno Kreisky hat einmal in einem Aufsatz über «Deutschland viergeteilt» erklärt, daß ihm die Diskussion darüber, ob Österreich nun eine Nation sei oder nicht, «wenig sinnvoll zu sein» scheine. Wichtig sei alleine, daß die auf ihre jeweilige regionale Eigenart sehr bedachten Bundesländer, deren Bewohner «sich zuerst Burgenländer, Kärntner, Niederösterreicher, Oberösterreicher, Salzburger, Steirer, Tiroler, Vorarlberger oder Wiener nennen», keinen Zweifel darüber entstehen ließen, daß sie gleichzeitig Österreicher seien. Hier habe sich gegenüber früher «ein großer Wandel» vollzogen. Einer der führenden österreichischen Historiker, Gerald Stourzh, dem wir die maßgebende Geschichte des österreichischen Staatsvertrages verdanken, deutet das Bekenntnis der Mehrheit der Österreicher zur eigenen Nation im staatsnationalen Sinn als Bekenntnis zur Existenz eines lebensfähigen neutralen Kleinstaates ähnlich dem der Schweiz unter Absage an jede frühere Reichsidee, sei es die des Deutschen Reiches oder die des Kaiserreichs Österreich.

Diese These von der Existenz einer österreichischen Nation, die als solche dahingestellt sein mag, verbindet er aber nun in einer logisch nicht überzeugenden Weise mit einer Warnung vor dem, was er als den Versuch einer «Vereinnahmung» Österreichs durch die deutsche Geschichte meint bezeichnen zu sollen, ob eine solche «Vereinnahmung» nun im Rahmen des Deutschen Historischen Museums geschehe oder in der von mir und einer Kieler Arbeitsgruppe beabsichtigten Darstellung einer «Deutschen Geschichte nach der Teilung» als einer Geschichte der drei deutschen Staaten Bundesrepublik, DDR und Österreich. Es verlohnt sich, einige der von ihm und anderen publizistisch vertretenen Argumente unter die Lupe zu nehmen.

1. Argument: Wenn man Österreich in die deutsche Geschichte einbeziehen wolle, dann müsse das gleiche auch für die deutsche Schweiz gelten. Dem ist entgegenzuhalten, daß sich die Schweiz durch Krieg schon im ausgehenden Mittelalter von der Herrschaft der Habsburger befreit hat und daß sich in Verbindung damit auch der staatliche Zusammenhang mit dem Heiligen Römischen Reich Deutscher Nation auflöste – während Österreich im Gegenteil im 19. Jahrhundert einen Krieg gegen Preußen auf sich nahm, weil es sich nicht aus dem Deutschen

Bund herausdrängen lassen wollte; daß die deutschen Österreicher leidenschaftlichen Anteil genommen haben an der deutschen Nationalbewegung im 19. und 20. Jahrhundert und daß die Geschichte, mit der sie sich heute, anders als die Schweizer, unausweichlich konfrontiert sehen, die deutsche und das heißt auch die nationalsozialistische Geschichte Österreichs ist.

2. Argument: Stourzh weist gerne auf Churchills «Geschichte der englischsprechenden Völker» hin. In diesem Sinne könne analog auch von Österreich und der Schweiz als von deutschsprechenden Völkern die Rede sein. Er übersieht dabei, daß sich die englischsprechenden Nordamerikaner und die Iren durch Krieg und Aufstand ihre Unabhängigkeit von Großbritannien erkämpft haben – im deutsch-österreichischen Verhältnis fehlt hierzu jede Analogie; daß andererseits Kanada, Australien und Neuseeland sich immer noch als Angehörige des britischen Teils des Commonwealth of Nations verstehen und daß sie als ihr jeweiliges Staatsoberhaupt und Symbol der Zusammengehörigkeit im Commonwealth die Trägerin der britischen Krone betrachten.

3. Argument: Wenn man von drei deutschen Staaten spreche, dann gehe man von 1938, dem Jahr des erzwungenen Anschlusses, als dem Normaljahr aus. Das Gegenteil ist der Fall. Weder der großdeutsche noch der kleindeutsche Nationalstaat sind die «Norm» der deutschen Geschichte. Die Spuren Österreichs in der deutschen Geschichte deuten zugleich darauf hin, wie sehr die österreichische Ge-

schichte in allem Wechsel der staatlichen Formen ein Teil auch der deutschen Geschichte gewesen ist und daß der unter Hitler erzwungene Anschluß in der deutschen Geschichte Österreichs kein Zufall war, sondern nur aus dem Zusammenhang der beiderseitigen Gesamtgeschichte verstanden werden kann.

Ein anderer österreichischer Historiker, Fritz Fellner, ist Stourzh publizistisch und in einem Streitgespräch entgegengetreten. Fellner und andere mit ihm plädieren dafür, an dem Begriff einer mehrere Staaten übergreifenden deutschen Kulturnation festzuhalten, zu der auch Österreich gehöre. Gerade dadurch, daß man sich von der Vorstellung des einheitlichen Nationalstaats als der Norm der deutschen Geschichte löse und deren Vielstaatlichkeit bejahe, gewinne man für Österreich die Unbefangenheit zurück, sich ohne Belastung durch das Anschlußtrauma dem Zusammenhang der deutschen und österreichischen Geschichte zuzuwenden. Und in einer drastischen Formulierung im Rahmen einer positiven Stellungnahme zum Deutschen Historischen Museum in Berlin: «Es wäre sogar zu begrüßen, wenn die sogenannte Anschlußproblematik dort miteinbezogen wird», damit «dieser Gedanke endlich dorthin gestellt wird, wo er hingehört: ins Museum!»

Einen ganz anderen, zukunftsgerichteten Inhalt gibt diesem Begriff hingegen einer der führenden österreichischen Journalisten, Herausgeber der angesehenen Tageszeitung «Die Presse», Otto Schulmeister, in einer 1979 erschienenen Analyse Österreichs unter dem provozierenden Titel «Der Zweite Anschluß. Österreichs Verwandlung seit 1945». Er meint damit die tiefgreifende Transformation, die das alte, traditionsbestimmte Österreich in der Nachkriegszeit in einen Industrie- und Sozialstaat verwandelt habe, dem der «Anschluß» an die Dynamik der westeuropäischen Entwicklung gelungen sei. In Anspielung an den industriellen Modernisierungsschub, den die NS-Zeit und der Zweite Weltkrieg für Österreich mit sich brachten, spricht Schulmeister von der «historischen Dialektik, in der der erste Anschluß zum Mittel des zweiten werden sollte – dem an das westliche Industrie- und Wirtschaftssystem». Diese zweite «Anschluß»-Dynamik hat heute eine Zielrichtung genommen, die sich auf die Europäische Wirtschaftsgemeinschaft einzupendeln scheint. Jedenfalls hat die gegenwärtige Koalitionsregierung Sondierungen in die Wege geleitet, um zu klären, ob und unter welchen Bedingungen eine möglichst enge Verbindung denkbar wäre trotz Österreichs Neutralität und Blockfreiheit.

Die Europäische Gemeinschaft will mehr sein als eine bloße Wirtschaftsgemeinschaft. Sie möchte sich als eine politische Handlungs- und Wertegemeinschaft verstehen, wie weit sie auch noch davon entfernt sein mag. Nun taucht hier und da im österreichischen historisch-politischen Schrifttum der Gegenwart aus der Dämmerung der Geschichte die Erinnerung an den alten, vornationalen Begriff des Reichs auf. «Jedenfalls», so Schulmeister, «steckt schon im Namen Österreich ein Hinweis auf einen übernationalen, universalen Bezug, der sich unter den Habsburgern mit Wirklichkeit füllte.» Otto, der gegenwärtige Chef des Hauses Habsburg, Sohn des letzten österreichischen Kaisers und – in eigentümlicher Konstellation – gewählter Vertreter Oberbayerns im Europaparlament, ist dem Gedanken in einem Buch über «Die Reichsidee. Geschichte und Zukunft einer übernationalen Ordnung» (1986) nachgegangen. Man kann sich gewiß keine weiter auseinanderliegenden historischen Gebilde vorstellen als das von sakralen Bezügen her zu verstehende Heilige Römische Reich Deutscher Nation und die zweckrationalen europäischen Gemeinschaften unserer Zeit. Es verdient dennoch registriert zu werden, daß dort, wo in Österreich vom «Zweiten Anschluß» oder von einer aktualisierten Reichsidee die Rede ist, sich aus der Geschichte die Perspektive einer übernationalen Zukunft abzeichnet, in der die ansonsten so weit verbreitete Berührungsangst gegenüber dem Begriff «deutsch» überwunden sein könnte.

X.

Warum eigentlich eine solche Berührungsangst? Sie hat heute gewiß nicht mehr die grotesken Formen der ersten Nachkriegsjahre, als man die deutsche Sprache zur «Unterrichtssprache» umetikettierte oder als Bundeskanzler Figl erklärte, Österreich sei nie ein deutscher Staat gewesen. Sie ist aber immer noch in der Weise kräftig spürbar, daß viele sich weigern, die österreichische Geschichte in den Zusammenhang der deutschen zu stellen und vor der «Einvernahme» durch ein deutsches historisches Museum warnen. Und dies, obwohl heute die Realbeziehungen zwischen Österreich und der Bundesrepublik in wirtschaftlicher, touristischer und wissenschaftlicher Hinsicht außerordentlich dicht und freundschaftlich sind. Die Antwort ist zu suchen im Komplex der unbewältigten zeitgeschichtlichen Vergangenheit. Damit ist nicht gemeint – das sei deutlich betont –, daß es in Österreich nicht eine historische Forschung gäbe, die sich ebenso wie die Forschung in der Bundesrepublik darum bemühe, ohne Scheu vor Tabus zu ergründen, «wie es eigentlich gewesen ist». Man weiß, daß Hitler Österreicher war und die ersten, ihn prägenden Einflüsse dort in seiner Heimat zu suchen sind; daß die nationalsozialistische Bewegung ihre Vorläufer in Österreich hatte und daß Österreicher an der Geschichte des nationalsozialistischen Deutschland gerade auch in ihren dunkelsten Aspekten in hohem Maße beteiligt waren. Aber dieses Wissen ist nicht in das öffentlich artikulierte historisch-politische Selbstbewußtsein der österreichischen «Nation» integriert worden. Man versteht sich, oft unter Bezug auf die Moskauer Deklaration, verständlicherweise als eine von der deutschen Herrschaft befreite Nation, richtet im Rückblick auf die eigene Geschichte den anklagenden Blick auf die Deutschnationalen, auf alle Anschlußfreunde und natürlich auf die österreichischen Nationalsozialisten. Nicht selten rücken in der Literatur die Begriffe «nationalsozialistisch», «deutsch« und gar «preußisch» bis zur Unterscheidungslosigkeit aneinander. Dies ist bei einigen im Vordergrund stehenden Historikern der Fall, die ich als «kleinösterreichisch» bezeichne. Ihre Geschichtsauffassung entspricht spiegelbildlich dem kleindeutsch-preußischen Geschichtsbild. Im kleindeutschen wie im kleinösterreichischen Verständnis der historischen Beziehungen zwischen Deutschland und Österreich wird das Unterschiedliche, Gegensätzliche, Unvereinbare gesucht und betont, während die geschichtlichen Gemeinsamkeiten demgegenüber in den Hintergrund treten. Das geschieht in mancherlei Graden der Übergewichtung des Gegensätzlichen. Aus der breiten Palette kleindeutscher und kleinösterreichischer Beurteilungen des anderen seien zwei extreme Beispiele herausgegriffen, an denen die Entsprechungen bis ins Verbale hinein deutlich werden.

Die kleindeutsche Klimax von Invektiven gegen Österreich stellte Treitschke dar. In seiner Abhandlung über «Bundesstaat und Einheitsstaat» belehrte er seine Zeitgenossen am Vorabend des Krieges gegen Österreich wie folgt: Nie sei Österreich «in Wahrheit im deutschen Staatsverband gewesen». Österreich sei stetig aus Deutschland herausgewachsen, die Verbindung zwischen beiden sei «unnatürlich». Fremd stünden sich beide Kulturen gegenüber. Der Deutsche empfinde ein «Grausen ... vor dieser Geschichte der finsteren Knechtung der Geister», sehr selten werde ihn als Reisenden «das Gefühl überkommen, er sei in der Heimat». Man freue sich darüber, «wie schlicht und gemütlich der österreichische

Offizier mit dem Soldaten verkehrt. Aber schauen wir dann, wie diese gemütlichen Leute ihre Untergebenen wie Hunde prügeln lassen, und – was bedeutsamer ist – mit welcher wolkenlosen Heiterkeit der Seele die Mißhandelten dies hinnehmen, so beschleicht uns doch die Empfindung, daß wir an den Grenzen deutscher Gesittung stehen.» «Behagliche Umgangsformen» vertrügen sich hier mit «erbarmungsloser Menschenverachtung». So stoße der Deutsche in diesem «halbfremden Nachbarland ... Schritt für Schritt auf Züge, die jedes sittliche Gefühl empören müssen und doch im Wesen dieses Staates tief begründet sind» – und so fort.

Demgegenüber ein modernes kleinösterreichisches Spiegelbild von Preußen, wie man es bei Kreissler findet: «Gewaltsame Eroberung, ... Überheblichkeit, Militarismus, arrogantes Herabsehen.» Diese Eigentümlichkeiten Preußens seien «Vorgänger und Wegbereiter der NS-Ideologie ..., Vorgänger des Dritten Reiches, das dieses ‹Preußentum› auf die Spitze trieb». Als besondere Kennzeichen des preußischen Staates werden uns vorgeführt: «Despotismus der staatlichen Bürokratie, verbunden mit serviler Haltung der Untertanen, ... rassistische Theorien von der Herrenrasse, verbunden mit religiösem und rassischem Antisemitismus», mit dem Fazit: Der Nationalsozialismus sei die «höchste und letzte Ausprägung des Preußentums». Das mag alles nicht ganz falsch sein, ist aber als Kontrastcharakterisierung ebenso verfehlt wie Treitschkes verächtliches Bild vom Österreichertum. Man reibt sich die Augen, wenn man dies liest, nachdem man doch einiges mitbekommen hat von dem Anteil eines Oberösterreichers namens Hitler an der Geschichte des Nationalsozialismus und von dem Anteil preußischer Junker an der Geschichte des Widerstandes. Völlig absurd aber wird diese kleinösterreichische Weisheit, wenn sie zur Abstützung ihrer antipreußischen Affekte die Autorität eines Hugo von Hofmannsthal bemüht. Dieser hatte während des Ersten Weltkriegs, zu Weihnachten 1917, in der Berliner «Vossischen Zeitung» ein stichwortartiges «Schema» zur Charakterisierung österreichischer und preußischer Eigentümlichkeiten veröffentlicht. Dieses «Schema» steht im Zusammenhang mit mancherlei Reden und Aufsätzen, in denen Hofmannsthal sich darum bemühte, der Waffenbrüderschaft zwischen den in ihrer Wesensart unterschiedlichen, aber sich ergänzenden und aufeinander angewiesenen Deutschen und Österreichern einen gemeinsamen kulturgeschichtlichen Sinn zu geben. In einem «Europa, das sich neu formen will», so schrieb er damals, sah er die Österreich aus seiner Geschichte zugewachsene spezifische Aufgabe darin, «in deutschem Wesen Europäisches zusammenzufassen und dieses nicht mehr scharf-nationale Deutsche mit slawischem Wesen zum Ausgleich zu bringen». Für ein kleinösterreichisches Scherbengericht über Preußen-Deutschland läßt sich Hofmannsthal jedenfalls nicht verwenden. Bemerkenswert ist die Gelassenheit, mit der ein allenthalben so hoch angesehener Altmeister der Geschichtswissenschaft wie Erich Zöllner die Publizistik um den «österreichischen Menschen» und die «österreichische Nation» kommentiert. Zum einen stellt er fest: Noch in den zwanziger Jahren «schlossen die Bekenntnisse zum österreichischen Menschen und zum Deutschtum einander nicht aus». Wie sollten sie auch, wenn man von ihm erfährt, daß als «Charakteristika dieses homo Austriacus» zumeist «Katholizismus, Weltoffenheit, Konzilianz, Brückenbauerfunktion zwischen Ost und West sowie eine übernational-europäische Orientierung genannt» werden; Eigenschaften, die sich offensichtlich am Rhein und sogar an der Elbe ein wenig anders stilisiert genauso praktizieren lassen wie an der Donau. Zum andern aber zog man nach dem Zweiten Weltkrieg, «der gegebenen politischen Notwendigkeit, aber auch einem tiefergehenden gefühlsmäßigen Wandel Rechnung tragend», eine schärfere Trennungslinie gegenüber Deutschland und dem Deutschtumsbegriff. Die daraus sich ergebende Diskussion um eine «eigenständige ‹österreichische Nation›» habe, so Zöllner, «allerdings keine bedeutsamen Ergebnisse» gebracht und «auch nur begrenzte Anteilnahme» gefunden, «vielleicht, weil man fühlte, daß nicht ein österreichischer Nationalismus, sondern ein österreichisches Staatsbewußtsein das Gebot der Stunde war». Das erscheint um so einleuchtender, als sich Österreich neuerdings durch ein in aller Welt anhebendes Fragen unausweichlich auf seine Geschichte zurückverwiesen sieht.

XI.

Es wird in Österreich sicherlich wie bei uns zulande noch manche Gedankenarbeit geleistet werden, um die Geschichte des Dritten Reiches dort wie bei uns zu historisieren, aus einem einfachen Schwarz-Weiß-Schema simplifizierender Schuldzuweisungen zu befreien und sich der abgestuften historischen Mithaftung des gesamten Volkes bewußt zu werden, auch derjenigen, die als untadelige und persönlich schuldlose Soldaten, Beamte, Richter, Arbeiter gerade durch ihre «Pflichterfüllung» die Herrschaft des NS-Regimes und seine Untaten ermöglichten, in Österreich wie bei uns.

Nur so, scheint es, könnte es den Bemühungen der Österreicher gelingen, einen Ausweg aus dem Irrgarten des die öffentliche Diskussion immer noch überschattenden Waldheim-Syndroms zu finden, das der Frage nach dem Anteil Österreichs an der deutschen Geschichte schlagartig aktuelle Brisanz verliehen hat. Ohne die bekannten Einzelheiten des Hergangs der Auseinandersetzung zuerst um die Präsidentenwahl, dann um die «watch-list» zu wiederholen und ohne auf die parteipolitischen und die außerhalb Österreichs liegenden Motive der gegen Waldheim gerichteten Diffamierungskampagne eingehen zu wollen, sei folgendes festgehalten:

1. Es sind bisher keine Dokumente bekannt, aus denen sich ein persönlich schuldhaftes Verhalten des deutschen Wehrmachtoffiziers Kurt Waldheim nachweisen ließe. Man kann hinzufügen: Wenn es solche

Beweisstücke gäbe, wären sie längst von denen, die an seiner Diskreditierung ein Interesse haben, auf den Tisch gelegt worden. Einen Menschen ohne Beweise vor aller Welt durch permanente Verleumdung unter den Verdacht zu stellen, an Kriegsverbrechen beteiligt gewesen zu sein, stellt eine grobe Verletzung des Rechtes auf Schutz der persönlichen Ehre dar.

2. Ob Waldheim als junger Mann der SA oder dem NS-Studentenbund angehört hat, ist allenfalls von biographischem Interesse, historisch aber ohne Belang.

3. Aufmerksame Prüfung verdient jedoch die Frage, welches die politisch-historischen Überzeugungen Waldheims in der Zeit gewesen sind, in der er als Offizier – mit seinen Worten – seine «Pflicht» tat. Man weiß, daß er aus einer katholischen Familie stammt, die der christlich-ständisch-autoritären Staatsanschauung des Dollfuß-Schuschnigg-Regimes nahestand. Damals ging es um die Bewahrung eines «besseren» Deutschland. Es besteht kein Anlaß, seiner Versicherung zu mißtrauen, daß er die nationalsozialistische Ideologie abgelehnt habe. Für das, was er wirklich dachte, gibt es ein Quellenzeugnis aus der Kriegszeit, das einzige von wirklichem Aussagewert, das bekanntgeworden ist. Es handelt sich um seine während eines zweimaligen Heimaturlaubs fertiggestellte juristische Dissertation, mit der er 1944 den Doktorgrad der Rechts- und Staatswissenschaftlichen Fakultät der Universität Wien erwarb. Ihr Titel lautet: «Die Reichsidee des Konstantin Frantz». Das Thema war ihm von dem Völkerrecht-

ler Alfred Verdross-Droßberg gestellt worden, der auf einem Katholikentag in Österreich über «Christus und das Abendland» gesprochen und das «Reich» als dessen Mittelpunkt bezeichnet hatte. Eine Reichsidee, abendländisch, föderalistisch und universalistisch, hatte auch Konstantin Frantz dem kleindeutschen Nationalstaatsgedanken entgegengestellt. Die Dissertation beschränkt sich auf ein flächiges Referat über Frantz' Gedanken ohne eine über den bloßen Befund hinausgehende Fragestellung oder eine tiefergehende Analyse. Ihr Verfasser gibt sich zurückhaltend im Werturteil, er verzichtet auf Aussagen über Wünschbarkeit und Möglichkeit einer Realisierung der Vorstellungen von Frantz im einzelnen, identifiziert sich aber doch in deutlicher Weise mit dessen Grundidee und mit dem, was er selber in seiner eigenen Zeit unter veränderten Bedingungen und in veränderten Formen von den Ideen des Konstantin Frantz verwirklicht zu sehen glaubte.

Aus dem Referat über die Gedanken des Konstantin Frantz ergibt sich als Leitbild: Deutschland ist mit einem Worte Schellings ein «Volk von Völkern». Es ist die Mitte Europas und der Ausgangspunkt eines zu schaffenden Reichs, das als teils staats-, teils völkerrechtliches Gebilde unter Führung von Österreich und Preußen in mehreren konzentrischen Kreisen um diese Mitte das ganze Deutschland und das Abendland umfaßt und darüber hinaus ein universales Ordnungsprinzip darstellt. Vor diesen gedanklichen Hintergrund stellte der junge Doktorand im letzten Kriegsjahre das Bild seiner Gegenwart: Die «gesamtdeutsche Idee» habe «wohl in strafferer Form als von Frantz gedacht ihre Verwirklichung gefunden»; bereits jetzt habe sich «ein großartiges Zusammenwirken aller Völker Europas unter der Führung des Reiches» ergeben; dieses europäische Zusammenwirken habe sich «gegen die von Frantz so richtig vorausgeahnte Gefahr aus dem Osten» angebahnt. Somit hätten die Gedanken von Konstantin Frantz «eine über seine Zeit hinausragende Bedeutung».

In Hitlers Herrschaft über Deutschland und Europa lediglich eine «straffere Form» der Reichsidee des Konstantin Frantz zu sehen, war ein Zerrbild der Wirklichkeit. Diese entsprach weder jener der Dissertation zugrunde liegenden gesamtdeutschen Vorstellung, daß die Deutschen ein «Volk von Völkern» seien, noch einem föderalistischen Ordnungsprinzip für Europa. Merkwürdig ist es, wie in der Auseinandersetzung um Waldheim seine Ankläger wie seine Verteidiger und auch er selber um diesen Kern der Sache herumreden. Die einen sehen in der Schrift nichts als eine Bekundung nationalsozialistischer Gesinnung, die anderen halten sich an den christlich-universalen Charakter der Reichsidee des Konstantin Frantz, ohne sich viel darum zu kümmern, daß ihr Verfasser so entschieden wie Konstantin Frantz gesamtdeutsch dachte. Hier ist immer noch eine Tabuzone. Wie befreiend würde es wirken, wenn Kurt Waldheim, mit dem sich der «Durchschnittsösterreicher», der weder Nationalsozialist noch Widerstandskämpfer war, identifizieren kann, zu einem klaren Wort fände! Warum «Pflichterfüllung» in jener schrecklichen Zeit? Zwang und Anpassungsdruck gewiß! Aber nur das? Nicht auch ein österreichischer oder gar ein allgemein deutscher Patriotismus? Darf über diesen immer noch nur im Ton der Anklage gesprochen werden? Ist es immer noch tunlich, jene Haltung zu verschweigen, die Waldheim an dem viel angefeindeten und zuletzt verbitterten Konstantin Frantz rühmend herausstellte: Als Föderalist «gesamtdeutsch gesinnt», hielt er «unerschütterlich und mutvoll an seiner Überzeugung fest», obwohl die Zeit gegen ihn war?

Die «Bewältigung» der Vergangenheit besteht nicht nur im Aufdecken von NS-Missetaten. Solche «Trauerarbeit», wie man sie bei uns und in Österreich nennt, ist notwendig. Sie wurde durch die Zeitgeschichtsforschung zu einem guten Stück geleistet. Aber die Rufe zum Kampf gegen nationalsozialistische Gesinnung werden verhallen. Denn – so nehme ich an – diese ist in Österreich nicht anders als in Deutschland nur noch ein historisches Relikt und ohne Leben. Man schlägt nicht auf einen toten Gaul ein. Aber abgestoßen und in eine Trotzhaltung getrieben werden vielleicht nicht wenige Österreicher, die sich durch eine antideutsche Identitätsstiftung nicht davon abhalten lassen wollen, der Kämpfe, Opfer und Leiden in jener mit den Deutschen gemeinsam durchgestandenen Zeit eingedenk zu bleiben. Sollten sie deshalb eines Mangels an Österreichbewußtsein verdächtigt werden? Sollte ein seiner selbst gewisser österreichischer Patriotsmus sich dem Wissen darum verschließen, daß Österreich zu seinem Teil in der historischen Mitverantwortung steht für das, was im Namen Deutschlands geschah?

Die Geschichte wiederholt sich nicht. Das Heilige Römische Reich Deutscher Nation und der Deutsche Bund, das Österreich Kaiser Franz Josephs und das Preußen-Deutschland Bismarcks, die großdeutsche Idee, der Anschluß und der gemeinsam geführte Krieg sind nur noch Erinnerung. Aber es gehört zu den mancherlei Anzeichen einer auch heute über Staatsgrenzen und wenn man so will Nationsgrenzen fortwirkenden deutschen Geschichte, daß in Österreich wie in der Bundesrepublik und auch in der DDR in den letzten Jahren ein sich vertiefender Gesamtprozeß des Nachdenkens über die uns alle gemeinsam betreffende Vergangenheit in Gang gekommen ist. Er könnte dem entsprechen, was Hugo von Hofmannsthal in dem schon angeführten Wort mit besonderem Bezug auf Österreich formulierte: dessen Dasein sich erschließe, wenn man die ganze deutsche Geschichte erfasse. Diese wiederum erschließt sich nicht, wenn man nicht den Spuren Österreichs in ihr nachgeht.

KARL DIETRICH ERDMANN, geboren 1910 in Köln, studierte in Köln, Paris, Marburg und London Geschichte, evangelische Theologie und Germanistik. Ab 1934 war er als Gymnasiallehrer in Köln tätig; 1938 schied er aus politischen Gründen aus dem öffentlichen Dienst aus. 1939 bis 1945 Wehrdienst. 1947 habilitierte er sich in Köln bei Peter Rassow für Mittlere und Neuere Geschichte. Seine ersten Arbeiten galten der Sozialphilosophie Rousseaus und dem Verhältnis von Staat und Kirche in der Französischen Revolution. Von 1951 bis 1953 war er Generalsekretär der Deutschen UNESCO-Kommission, von 1953 bis zu seiner Emeritierung 1978 Ordinarius 'für Mittlere und Neuere Geschichte an der Universität Kiel und 1966/67 Rektor der Universität.

Von 1962 bis 1967 war Professor Erdmann Vorsitzender des Verbandes der Historiker Deutschlands, 1975 bis 1980 Präsident des Comité International des Sciences Historiques, 1974 bis 1980 Vorsitzender des wissenschaftlichen Beirats des Instituts für Zeitgeschichte in München.

Er ist Mitglied der Historischen Kommission bei der Bayerischen Akademie der Wissenschaften, der Königlich Dänischen Akademie der Wissenschaften und der Göttinger Akademie der Wissenschaften.

Er verfaßte u. a. eine Darstellung der Geschichte Deutschlands im Zeitalter der beiden Weltkriege, eine Untersuchung über die Rheinlandpolitik Konrad Adenauers nach dem Ersten Weltkrieg und eine Monographie über die «Ökumene der Historiker. Geschichte der Internationalen Historikerkongresse». Seit 1950 ist er einer der Herausgeber der von ihm mitbegründeten Monatsschrift «Geschichte in Wissenschaft und Unterricht». Im Auftrag der Historischen Kommission gab er die Tagebücher Kurt Riezlers (1972) und die Akten der Reichskanzlei der Weimarer Zeit (23 Bände, 1964–1989) heraus.

Den beiden hier veröffentlichten Aufsätzen liegen Vorträge zugrunde, die er an verschiedenen Universitäten der Bundesrepublik gehalten hat. Sie wurden für unsere Ausgabe überarbeitet. «Drei Staaten – zwei Nationen – ein Volk?» erschien erstmals in «Geschichte in Wissenschaft und Unterricht» 36 (1985), H 10; «Die Spur Österreichs in der deutschen Geschichte» ebendort 38 (1987), H 10.

D. L.

CIP-Titelaufnahme der Deutschen Bibliothek

Erdmann, Karl Dietrich:
Die Spur Österreichs in der deutschen Geschichte:
drei Staaten – zwei Nationen – ein Volk? /
Karl Dietrich Erdmann. –
Zürich: Manesse Verlag, 1989
(Manesse Bücherei; Bd. 27)
ISBN 3-7175-8153-8
NE: GT

Buchgestaltung
Brigitte und Hans Peter Willberg, Eppstein